TRANSFORMAÇÃO DAS RELAÇÕES HUMANAS E COOPERAÇÃO

Pertti Simula

TRANSFORMAÇÃO DAS RELAÇÕES HUMANAS E COOPERAÇÃO

1ª edição

EXPRESSÃO POPULAR

São Paulo - 2017

Revisão: *Lia Urbini*
Projeto gráfico, diagramação e capa: *ZAP Design*
Foto da capa: *Pertti Simula*
Impressão e acabamento: *Graphium*

Dados Internacionais de Catalogação-na-Publicação (CIP)

Simula, Pertti
S614t Transformação das relações humanas: cooperação. / Pertti Simula.—1.ed.--São Paulo : Expressão Popular, 2017.
272p. : il. tabs.

Indexado em GeoDados - http://www.geodados.uem.br.
ISBN 978-85-7743-303-2

1. Relações humanas. 2. I. Título.

CDU 316.647.2

Catalogação na Publicação: Eliane M. S. Jovanovich CRB 9/1250

1ª edição: junho de 2017
1ª reimpressão: setembro de 2018

EDITORA EXPRESSÃO POPULAR
Rua Abolição, 201 – Bela Vista
CEP 01319-010 – São Paulo – SP
Tel: (11) 3112-0941 / 3105-9500
livraria@expressaopopular.com.br
www.facebook.com/ed.expressaopopular
www.expressaopopular.com.br

SUMÁRIO

O oprimido se torna opressor. Conforme Sócrates, oprimindo o outro, o ser humano está oprimindo a si mesmo. O oprimido se sente desvalorizado!

Paulo Freire

Não basta ensinar ao homem uma especialidade, porque se tornará, assim, uma máquina utilizável, não um ser humano. É necessário que adquira um sentimento, um senso prático daquilo que é belo, do que é eticamente correto.

Albert Einstein

APRESENTAÇÃO

> O mal maior está na reprodução, no seio da sociedade em transição socialista, de relações, de instituições, das ideias e sentimentos que regem a dominação capitalista. E essa reprodução não depende tanto de conspirações e ações de origem externa – por mais reais e perigosas que elas sejam, e o são – mas sim da imensa e formidável acumulação cultural de sinal favorável à dominação de umas pessoas sobre as outras, antiga e renovada, que caracteriza as sociedades. Uma verdadeira batalha cultural se desenvolve entre ambos complexos de maneiras de viver.
>
> *Fernando Martínez Heredía*

A PRESENTE OBRA É fruto de um largo processo de reflexão, experimentação e construção coletivas, conduzidas pelo companheiro Pertti Sakari Simula, finlandês de nascimento, mas que vive e atua há muitos anos entre o Brasil e a Europa. A obra foi concebida a partir das angústias derivadas da sua experiência em conduzir processos empresariais, inicialmente capitalistas (foi diretor do fabricante de tratores Valmet, em sua subsidiária brasileira), e depois autogestionários (seja nos EUA, escolas na Europa ou mais tarde escolas e cooperativas em assentamentos de reforma agrária no Brasil). É fruto também do acompanhamento individual em sua atividade psicanalítica tanto no Brasil como na Suécia e Finlândia.

No período dos governos populares do início dos anos 2000 desenvolvemos juntos uma parceria com a Confederação das Cooperativas de Reforma Agrária do Brasil (Concrab) para estabelecer um Programa de Acompanhamento às Empresas Sociais ligadas aos assentamentos de Reforma Agrária do MST. Nessa experiência percebemos a fragilidade com que os coletivos lidavam com as relações sociais, e os dramas e características pessoais de seus associados. Também percebemos os limites que essa abordagem impunha ao crescimento dessas pessoas e dos próprios coletivos.

Nas várias sessões de discussão da metodologia desenvolvida por Pertti, debatíamos com ele se seria possível de fato criar coletivos altamente produtivos e criativos que não fossem conduzidos com mãos férreas, ou com metas draconianas, mas sim pela identificação coletiva, pelo crescimento individual, pela dedicação amorosa entre companheiros que, libertos do medo e da crítica, se punham a desenvolver-se como seres humanos capazes de realizações consideradas impossíveis e revolucionárias.

Desse processo surgiu uma nova relação, agora mediada pela parceria Necoop-UFFS, Instituto Conscientia, Mundukide Fundazioa e MST, na perspectiva de desenvolvermos uma caminhada rumo à construção de uma autogestão real, um processo coletivo de libertação das amarras capitalistas, individualistas e controladoras que carregamos como sujeitos submetidos à opressão pelas relações de exploração, que deturpam a alma humana.

Este livro, fruto de um desafio oportunizado pelo projeto apoiado pelo Conselho Nacional de Desenvolvimento Científico e Tecnológico – CNPq e já interiorizado por Pertti ao longo de um certo tempo, foi criado na perspectiva de ser uma espécie de farol para as pessoas que carregam em si angústias similares às nossas, ou que se aventuraram por uma jornada difícil de se conduzir, que é a construção de relações igualitárias em coletivos escolares, de trabalho, ou de camaradagem e militância popular. O livro foi pensado e construído na perspectiva de contribuir para os processos em curso. Ele busca fundamentar e aprofundar teoricamente as concepções subjacentes às proposições de novas relações humanas na cooperação.

Se você se identifica com as nossas dúvidas, experiências e caminhadas, certamente poderá encontrar neste livro uma contribuição para que sua jornada possa ser acompanhada de marcos iluminadores. Não de regras inflexíveis, tampouco de caminhos fáceis. Apenas lampejos que apontam para caminhos que devemos trilhar, cada um de nós, rumo a uma sociedade sem opressores e sem oprimidos.

Uma sociedade certamente autogestionária! O amanhã pertence a nós, trabalhadores!

Prof. Pedro Ivan Christoffoli
Necoop/UFFS

AGRADECIMENTOS

QUERO AGRADECER PROFUNDAMENTE aos coletivos que contribuíram com a formação do método e a elaboração do livro, organizações como Movimento dos Trabalhadores Rurais Sem Terra (MST), Instituto de Educação Josué de Castro (Iterra), Instituto Educar, EEEM Nova Sociedade, Copavi, Coopan, UFFS/Necoop, Fundação Mundukide, e pessoalmente: Álvaro Delatorre, Adalberto Floriano Greco Martins, Ademir Barqueiro, Airton Rubenich, Asier Elorza Ugarte, Carlota Amado de Oliveira, Claudia Bernhard Souza Pacheco, Cícero Marcolan, Cristianderson Lubini Berner, Elaine Rose, Elisabete Witcel, Emerson Giacomelli, Francisco Mayer, Guilherme Gimenez Rueda, Janaína Stronzake, José Luis Lejardi Bernaola, Marli Zimermann de Moraes, Moacir Vilela, Neuri Rossetto, Salete Campigotto, Sandra Nunes Rodrigues, Suely Maria Keppe, entre muitas outras companheiras e companheiros. Além destas, deveria mencionar várias outras pessoas e coletivos da Finlândia e Suécia, em especial Mika Rönkkö, Markus Kröger, Bo Johansson e os clientes que estão caminhando comigo já há 30 anos. A todas elas também se estende o meu agradecimento.

Sou grato ao meu pai Heimo Simula, por sempre apoiar firmemente este trabalho. O interesse e opiniões das minhas filhas Natasha e Adriana foram importantes. Adriana traduziu o livro sueco sobre o método que foi parcialmente usado na versão brasileira. Especial agradecimento à Salete Souza e Daniel Sánchez

Pereira que ajudaram com firme paciência e afinco na revisão dos textos e com muitas sugestões importantes. E, por fim, um forte obrigado para Pedro Christoffoli, que deu o impulso e prazo para a realização definitiva deste projeto em livro.

INTRODUÇÃO

Vamos ser realistas e tentar o impossível.
Che Guevara

O MÉTODO DA *valorização humana e social* propõe um caminho em duas dimensões. Desenvolver uma compreensão socialista sobre o ser humano que fomente respeito incondicional pelo sentir do outro e de si mesmo, e que faça despertar e reforçar a consciência das riquezas presentes em todo ser humano. E simultaneamente, organizar os coletivos para a igualdade e a responsabilidade.

Nossos hábitos em nossas relações são aprendidos dos sistemas de poder, no espírito do capitalismo. Esses hábitos são repressores e tornam crônicos os problemas. O primeiro passo é admitir isto para, depois, querer desaprender os hábitos de praxe, criar e treinar novos hábitos fundamentados na igualdade e na solidariedade.

O caminho é a conscientização humana e social profundas. Se a consciência fica só no plano intelectual, ela é abstrata e teórica, mas pela ação prática – estudar, trabalhar, cooperar, conviver ou lutar – ela se torna real. Esta conscientização é o caminho para a transformação humana e social, um caminho sem fim para a utopia do socialismo de autogestão.

Em vez de exigir a resolução dos problemas de imediato, vamos pesquisá-los e conhecê-los para poder desfazer as suas causas. Em vez de focar nos problemas, e assim dar poder a eles, vamos fortalecer a saúde do ser humano e do coletivo, para que a saúde cure a doença. Em vez do controle do comportamento do outro, vamos procurar o contato com o outro ser humano. Em vez de exigir, avaliar e reprimir, vamos valorizar.

Os poderosos não querem que o povo possa sentir conscientemente indignação face às injustiças, coragem, amor, união e liberdade.

As tentativas de construir coletivos e sociedades com princípios socialistas têm tido dificuldade de se propagar e avançar. Um dos empecilhos pode ter sido que não se tratou suficientemente o fato de sermos viciados na repressão a ponto de não conseguir criar uma cooperação e um convívio tão felizes que iriam atrair jovens, adultos e idosos a ingressar em massa nesses coletivos socialistas. Este hábito de repressão é uma armadilha que o sistema de poder conseguiu implantar no nosso modo de sentir, impedindo até hoje a nossa libertação.

Este livro foi escrito pensando em leitores educadores, coordenadores de cooperativas, militantes e lideranças de movimentos populares, além de pessoas que querem se conhecer e saber lidar melhor com elas próprias e com outros.

A abordagem, chamada *Método Conscientia,* vem sendo desenvolvida há mais de trinta anos com trabalhadores de educação, saúde e assistência social na Suécia e na Finlândia, em trabalhos com grupos e em trabalho terapêutico individual. Nos últimos vinte anos, se desenvolveu no trabalho com educandos, educadores, coordenadores e militantes das escolas e coletivos nos assentamentos ligados ao Movimento Sem Terra (MST), aqui no Brasil. O método é produto de discussões e experimentação prática nos coletivos, e de diálogos terapêuticos.

O livro é dividido em oito capítulos. O primeiro reflete sobre o desafio que o capitalismo representa para os ideais de igualdade, solidariedade e respeito à natureza. O segundo forma um pano de fundo para o conceito socialista de ser humano. Este capítulo é considerado o mais importante, a essência do livro. Os capítulos

3 e 4 descrevem as ferramentas de valorização humana e social. O capítulo 5 traz orientações específicas para escolas e o capítulo 6 orientações para cooperativas e coletivos em geral. O capítulo 7 trata de dependência química e outras, e o 8 de como lidar com o estresse. Cada capítulo foi elaborado no sentido de ser minimamente autônomo para o leitor poder escolher o tema do seu interesse, por isso, em certos momentos, alguns conceitos e princípios se repetem. O método está em contínuo desenvolvimento, conforme as experiências de sua aplicação.

A inspiração para a metodologia vem de, só para mencionar alguns: Anton Makarenko, Che Guevara, Erich Fromm, Fiodor Dostoievski, Florestan Fernandes, James Baldwin, Karl Marx, Leonardo Boff, Máximo Gorki, Margrit Kennedy, Norberto Keppe, Paulo Freire, Roger Garaudy, Sigmund Freud, Sócrates e Viktor Frankl. Sinto gratidão por todos.

1. A TRANSFORMAÇÃO DO CAPITALISMO EM SOCIALISMO

Contra as ideias da força, a força das ideias!
Florestan Fernandes

A SOCIEDADE CAPITALISTA deturpa profundamente o nosso modo de sentir e pensar. Ela própria causa a necessidade da sua transformação estrutural devido às injustiças econômicas e sociais e à destruição da natureza que provoca. Além de formar novas estruturas econômicas, precisamos criar novas maneiras de lidar com nossos desafios e problemas, transformando a base psicológica das nossas relações de cooperação, educação e liderança para a igualdade e solidariedade.

O capitalismo destrói a harmonia social, psicológica e ecológica

Vivemos numa sociedade capitalista. Nos séculos XV a XVII, os países europeus colonizaram e escravizaram praticamente todos os outros continentes com armas, crueldade e genocídios. Hoje, a colonização é mais sutil através das empresas multinacionais. Os países colonizados que se "libertaram" da escravidão no século passado, hoje competem entre si para atrair os donos do capital para investirem nos seus países e serem explorados em sua mão de obra e em seus recursos naturais. Antes, o trabalhador era um escravo ou, ao menos, um bem do patrão. O empregado, por sua vez, é um mero item na sua planilha de custos.

O próprio termo capitalismo revela que o poder da sociedade está centralizado nas mãos dos donos do capital. Para poder garantir isto, o sistema político é organizado pela democracia representativa, na qual os cidadãos delegam seu poder de decisão para representantes, os quais são facilmente manipulados e dominados pelos donos do capital.

Os donos do capital organizam seu poder por meio de uma teia de empresas globalizadas. Esse é o molde do novo colonialismo. O colonialismo continua não por Estados, mas pelas conglomerações mundiais financeiras, bancárias, comerciais, industriais e de serviços.

Capitalismo significa a submissão do ser humano e da natureza aos donos do capital em um sistema de competição e consumismo sem limites, o que causa enormes injustiças econômicas, sociais e destruição da natureza. Com uma leitura ao menos parcialmente distorcida de Charles Darwin (evolucionismo) e Adam Smith ("mão invisível") se criou uma "ética" baseada na competição e no egoísmo, na ganância ilimitada.

As conquistas da segurança social alcançadas na primeira parte do século XX têm sido sistematicamente desmontadas e o sofrimento dos povos têm se acentuado fortemente nas últimas três décadas. Os postos de trabalho estão sendo precarizados. Os jovens têm uma perspectiva sombria para seu futuro, o que causa sentimentos de medo e tédio, e sensação de falta de sentido na vida.

Consequências psicológicas

O sistema nos força a entrar no espírito de competição, seja na escola, nos locais de trabalho, seja na vida em geral. Isto fomenta em nós egoísmo, inveja e ganância. A relação empregador-empregado nos obriga a nos adaptar à exploração do nosso trabalho e à alienação do conhecimento e tomada de decisões. Isto, por sua vez, causa em nossa personalidade características como alienação, superficialidade e submissão, levando ao imediatismo, personalismo e consumismo.

No aspecto de sentimentos, o capitalismo provoca em nós sensação crônica de inferioridade, insegurança, humilhação, revolta, raiva e impotência. Simultaneamente, nos é ensinado que tais sentimentos são sintomas de desequilíbrio e fraqueza, e que não deveríamos nos sentir assim. Deste modo, reagimos tentando controlar e reprimir estes sentimentos em nós mesmos e nos outros, o que leva a uma repressão generalizada do ser humano.

Além destas características e hábitos de sentir a que o povo está sendo forçado, nos indivíduos mais ricos e poderosos são nutridos sentimentos de culpa, solidão, mania de grandeza, frieza e paranoia. Tanto os povos quanto os donos do capital sofrem desta deturpação humana.

Uma das perversões do sistema de poder é ter conseguido confundir o significado das palavras liberdade e responsabilidade. Em essência, entendemos que, por um lado, liberdade resulta em responsabilidade e, por outro, responsabilidade requer liberdade, portanto, elas são inseparáveis, descrevendo os dois lados da mesma moeda. São praticamente sinônimos.

Ocorre que as estruturas de poder, intencionalmente ou não, conseguiram que o povo entendesse o termo responsabilidade como dever, obrigação e exigência, e o termo liberdade como liberdade das responsabilidades, uma incoerência total. Assim, no cotidiano, a palavra responsabilidade significa exigência, enquanto que a associação psicológica dela é ligada com liberdade, algo muito bonito e atraente. Quando um patrão fala ao empregado, "isso é sua responsabilidade", o empregado entende isto como exigência. Mas de fato, o verdadeiro significado da responsabilidade é liberdade, algo bom e atraente. O patrão usa uma palavra (responsabilidade) que tem no fundo uma conotação positiva (liberdade) na sua essência de forma enganosa. Ele deveria falar objetivamente: esta tarefa é uma obrigação a ser cumprida. Substituir a palavra obrigação ou exigência com o termo responsabilidade é como uma armadilha psicológica do poder em cima dos povos e ocorre também nas famílias, entre os menores e seus responsáveis.

O capitalismo fomenta justamente aquilo que há de mais perverso em nós, o que resulta em doenças físicas, psicológicas e sociais como machismo, racismo, preconceitos, dependência de drogas, exclusão social, criminalidade, extremismo religioso, terrorismo e guerras. É uma continuação da nossa história de escravidão, feudalismo e colonialismo.

Do capitalismo para o socialismo de autogestão

Com toda essa injustiça, o capitalismo desperta indignação e uma necessidade explosiva de revolta provocando o povo a se organizar para a luta. Um dos exemplos de protagonismo da luta é o MST.

Podemos fazer uma síntese, na tabela a seguir, da comparação entre nossa sociedade atual e a sociedade que queremos, baseada em igualdade e solidariedade. Queremos cooperação em vez de competição e uma estrutura que fomente o respeito incondicional entre os seres humanos e a natureza – um socialismo de autogestão.

No socialismo, igualdade e solidariedade aparecem como valores básicos em oposição à competição e egoísmo. Baseiam-se na horizontalização do poder através da participação direta de todos os cidadãos no planejamento e tomada de decisões estratégicas e de longo prazo. A execução das decisões é de responsabilidade dos representantes escolhidos pelo povo.

Autogestão é a *administração* de uma organização pelos seus participantes, em regime de *democracia direta*. Na autogestão, não há a figura do patrão, todos os trabalhadores participam das decisões administrativas em *igualdade* de condições. Por princípio, os *trabalhadores* são os proprietários da empresa autogestionada.

Tabela 1 – Comparação do capitalismo e socialismo

	Colonialismo pelo capitalismo	**Socialismo de autogestão**
Valores básicos (ética)	Competição e egoísmo. (C. Darwin e A. Smith)	Igualdade e solidariedade. (Sócrates e K. Marx).
Unidade de poder	Dinheiro (quanto mais dinheiro, mais poder).	Cada cidadão tem um voto para participar diretamente na tomada de decisões importantes.
Essência de poder	Poder significa poder para exigir e reprimir.	Poder significa poder para valorizar o ser humano, o coletivo e a natureza.
Práticas de educação e liderança	Metas, exigências, cobranças... Competição, classificação, notas... Elogio, premiação, vantagens... Crítica, bronca, punição, exclusão...	Valorização incondicional do ser humano, do coletivo e da natureza. Conscientização. Horizontalização do poder.

Socialismo de autogestão significa uma estrutura de sociedade onde, no âmbito do Estado, se criam as leis e a estrutura para que o povo organize suas atividades econômicas, políticas, sociais e culturais pela iniciativa dos coletivos que se formam livremente. A estrutura das leis do Estado é debatida e definida pelo povo num processo de democracia direta.

Nesse sistema, poder não mais significa controlar o outro, mas respeitá-lo e valorizá-lo. As práticas de educação, motivação e liderança passam a ter sua base na valorização e conscientização humana, social e ecológica.

No capitalismo, como em qualquer sistema de concentração de poder, a repressão funciona "bem" para "benefício" de poucos e para sofrimento da maioria.

Formação da personalidade (caráter)

Karl Marx (filósofo e teórico social nascido na Prússia, 1818-1883) acreditava que a estrutura psíquica humana é formada principalmente pelas relações na organização do trabalho. O trabalho é uma parte central da vida, muitas vezes, até mesmo a mais significativa, mas outros fatores também devem ser levados em conta na reflexão.

Personalidade (caráter) pode ser compreendida como os hábitos de sentir, pensar e agir. A personalidade descreve de que maneira a pessoa encara a vida. Maria é aberta e alegre; Manuel é fechado e negativo; Selma parece ser corajosa, honesta e segura de si. O termo descreve como a pessoa reage de forma rotineira em diferentes circunstâncias, seja em relação a possibilidades seja em relação às dificuldades.

Os hábitos de sentir e pensar, valores e ideais são formados pelos seguintes fatores (ser humano histórico): o meio ambiente, sociedade e suas estruturas de poder, os pais e as pessoas mais próximas, a genética e a vontade.

Sociedade

A sociedade em que vivemos, sua história e cultura, suas estruturas e valores, molda nossos familiares. Fatores-chave do sistema econômico atual têm quase imperceptivelmente se infiltrado nas escolas, na área da saúde e dos serviços públicos, no lazer, na cultura, em todas as atividades humanas. Nascemos dentro deste sistema de lavagem cerebral que talvez nunca na história da humanidade tenha sido tão eficaz e unilateral como hoje.

Os menores têm tendência a imitar os seus responsáveis, como diz o ditado: "A maçã não cai longe da árvore". Se a criança é recebida com muito amor, alegria e carinho, ela está sendo despertada para alegria e amor desde o início da sua vida. Quanto mais cedo vier e mais incondicional for o amor dos responsáveis e/ou pessoas próximas, mais fácil será, para a criança, crescer sentindo amor e confiança na sua vida. Se, ao contrário, desde o início da sua vida, medo, rejeição e agressividade dominam o ambiente socioafetivo da criança, ela é despertada para sentir medo e rejeição e agir em conformidade, levando essa conduta provavelmente para o resto da sua vida, mesmo que sua situação melhore consideravelmente. Metaforicamente falando, todos nós carregamos a mochila da nossa história de vida.

Genética

É impossível dizer em que medida a genética afeta a personalidade. A depressão talvez possa ser hereditária, ou ser devida a uma criança assimilar autorrepressão através de responsáveis autoritários, depressivos ou agressivos. A genética é dinâmica, em constante mudança, como tudo na natureza, o que significa que podemos influenciá-la. O *Helsingin Sanomat* (maior jornal finlandês) publicou há alguns anos um artigo com o título "O cuidado amoroso altera o material genético". O texto fala sobre como o cuidar de uma pessoa com amor melhora até a genética.

Vontade

O ser humano tem como pano de fundo seu ambiente externo, histórico psicossocial e genético. Além disso, ele tem a vontade, uma misteriosa liberdade de escolha (livre arbítrio), que ele usa para conduzir suas ações na sua realidade. Quanto o ser humano tem de "culpa" pelas suas ações, 20, 80 ou quantos por cento? Daniel Ashuti (professor de criminologia, Universidade Lasalle, Canoas/RS) constata: "O homem não é culpado por aquilo que faz, mas é o meio".

Com essa constatação, ele praticamente isenta o criminoso da responsabilidade e coloca no banco dos réus o próprio sistema capitalista. O mesmo poderia se pensar sobre políticos corruptos, pois como diz o povo: "a ocasião faz o ladrão".

Parece impossível avaliar qual é o peso de cada fator na personalidade, seja ele o ambiente, seja a sociedade, as pessoas próximas, a genética ou a vontade.

Algumas pessoas, perante condições difíceis e trágicos acontecimentos, agem de uma forma mais aberta aceitando a consciência das suas dificuldades, enquanto outras sofrem pelo resto de sua vida, porque censuram a consciência das injustiças que sofreram. Se a pessoa aceita lidar com a sua realidade sem exigir que esta seja diferente, ela sabe lidar com suas condições e melhorá-las conforme as possibilidades reais, vivendo mais saudável e feliz.

Se a pessoa não aceita perceber como é a sua realidade, ela reprime a sua consciência, e com isso tem tendência a desenvolver doenças psíquicas e físicas. Somos mente e corpo numa unidade só, em intensa interação (veja capítulo 8 sobre estresse).

Desafios da cooperação humana

Pela própria experiência, já na convivência familiar, todos nós sabemos como é gratificante e também complicado conviver com outras pessoas. A vida se torna rica através da alegria e do afeto, mas também ao lidar com dificuldades nas relações com outras pessoas. Se todos nós fôssemos equilibrados, amorosos, não haveria brigas, separações e conflitos. As contradições são parte cotidiana das nossas vidas, e podem ser encaradas como um caminho para crescimento e libertação.

Estando em contato com outra pessoa, estou em contato comigo mesmo. Quanto mais importante a pessoa for para mim, mais profundamente ela toca no meu interior. A pessoa é importante quando ela significa, por exemplo, amor, alegria, segurança, admiração ou mesmo quando significa dependência ou perigo.

Convivência exige tolerância e afeto um pelo outro. Como nenhum de nós é santo, é compreensível que nos coletivos apareçam todos os tipos de problemas nas relações humanas. Cooperação aumenta a dependência mútua, que por sua vez, intensifica os conflitos e desafios nas relações humanas.

Na Tabela 2 se reflete sobre a necessidade de mudanças nas relações de trabalho, quando se procura transformar um coletivo com hábitos capitalistas para hábitos socialistas.

Tabela 2 – Comparação dos aspectos estruturais nas relações de trabalho

Capitalismo	Socialismo de autogestão
O trabalho é organizado com base no relacionamento empregador e empregado, o que implica a submissão do trabalhador.	O trabalho é organizado em forma de autogestão, onde todos participam diretamente nas decisões importantes com um voto.
O trabalhador é alienado dos direitos de participação nas decisões e na distribuição dos lucros.	O trabalhador participa no planejamento, nas decisões e na distribuição do resultado.
A chefia é a representante do empregador, tendo como objetivo cuidar dos interesses dele junto aos empregados.	A coordenação é escolhida por todos para coordenar as atividades. Ela tem a função de comunicar, incentivar, coordenar e servir.
Para o empregador, o empregado é um fator de custo; quanto menor o salário maior o lucro.	Todos têm direito na distribuição do resultado. Uma maior produção significa um maior resultado para cada um.
Há um risco de desemprego que causa insegurança e medo, uma humilhação contínua.	Não se desliga sócios senão em casos extremos. Há uma igualdade entre todos, o que promove justiça e segurança.
O empregador mantém um clima de competição entre os empregados. Isto provoca tensões, inveja, maldade, insensibilidade e egoísmo.	Entre os trabalhadores prevalecem os objetivos comuns. O trabalho é de cooperação que fomenta igualdade e solidariedade.
Há uma desigualdade e injustiça estrutural, fonte de conflitos, desmotivação e revolta.	A igualdade e o senso de justiça fomentam a dignidade humana, a sensação de liberdade e a conscientização social e ecológica.
O ser humano não é respeitado pelo sistema. Ele perde sua dignidade humana.	Todo ser humano é incentivado a respeitar os outros e a si mesmo no modo de sentir, pensar e agir. Ações destrutivas são impedidas pela responsabilidade coletiva.
Pessoas que têm dificuldade em atingir as metas estabelecidas ou apresentam dificuldades são rejeitadas e "expelidas" do sistema.	Como o espírito é de responsabilidade coletiva, o coletivo ajuda quem está com dificuldade.

Não é de estranhar que a transformação da cultura capitalista de relações humanas para a cultura socialista seja um processo desafiante e longo. O socialismo completo e puro onde realmente prevalece relações de igualdade e solidariedade é uma utopia, não é possível chegar ate lá, mas o importante é o rumo, estar no caminho. Precisamos de uma bússola para a liberdade, igualdade e solidariedade.

A seguir, há uma lista dos problemas comuns nos coletivos em geral, nas escolas e nas cooperativas. No final de cada problema há um número em parêntesis que indica o capítulo e/ou o item de referência do índice do livro que trata do desafio em questão.

Desafios gerais de cooperação

– Crítica e cobrança são consideradas como necessárias, mas causam em nós reações de angústia, medo, frustração, raiva, tristeza, impotência e estresse (capítulos 2, 3, 4 e 5).

– Numa reunião, poucas pessoas se manifestam por medo de ser criticadas, debochadas ou rejeitadas (capítulos 2 e 3).

– É comum a reclamação de falta de valorização e, portanto, falta de motivação (capítulos 3 e 4).

– Há lutas de poder que resultam num desmonte do espírito de cooperação no coletivo (capítulos 2 e 4).

– Pode haver um descontentamento generalizado no grupo. Em vez de falar sobre os problemas e injustiças sentidas, as pessoas ficam caladas, com medo de se expressarem (capítulos 2, 3 e 4).

– Há pessoas ou pequenos grupos que se dedicam a falar mal dos outros, fazem intrigas, fofocas e reclamam de tudo, mas não fazem nada prático para melhorar a situação. Não se realizam no seu estudo ou trabalho, mas usam o tempo numa ação destrutiva (capítulo 6).

– Nas reuniões, às vezes, acontece de haver poucos participantes e os presentes ficam criticando as pessoas ausentes. Isso causa uma desmotivação naquelas pessoas que comparecem às reuniões, e reclamar dos ausentes é dar poder a eles (capítulos 2 e 3).

– Quando há uma pessoa com problemas sérios (ela está parada, agressiva ou abusa do álcool ou de drogas) o grupo tem medo e muita dificuldade de ajudar a pessoa a perceber e lidar com o seu problema (capítulos 3, 7 e 8).

– Conduta do tipo "eu sou melhor que os outros", autossuficiência. Uma pessoa fala que faz tudo, mas não faz quase nada. Outra inventa doenças para fazer o que quiser (capítulos 4 e 6).

– No coletivo de dez pessoas, há três que criam conflitos, desordem e brigas (capítulos 4 e 6).

– Há sintomas como cansaço, estresse, depressão, agressão, dependência de álcool e drogas (capítulos 7 e 8).

Desafios típicos na escola

– Alguém quer sempre estar no centro das atenções e atrapalha os outros (capítulos 4 e 5).

– Agitação, dificuldade de concentração (capítulos 3 e 5).

– Preguiça, atitude de "nada importa", descontentamento, negatividade (capítulos 3 e 5).

– Costume de subestimar capacidades, exagerar problemas (capítulos 2 e 3).

– Deboche, uso de palavrões (capítulos 2 e 4).

– A turma em caos, todo mundo gritando (capítulo 5).

– Saídas frequentes para banheiro, beber água... (capítulos 3 e 5).

– Atrasos e ausências frequentes (capítulos 3, 4 e 5).

– Uso de álcool, tabaco e drogas (capítulos 3 e 7).

– Quebra e avaria dos bens da escola (capítulo 5).

– Ameaça e uso de violência, agressão, *bullying* (capítulo 5).

– Autoagressão, depressão (capítulo 8).

Tensões nas cooperativas

– Desconfiança geral, especialmente com as pessoas que manuseiam o dinheiro (vendas, compras, tesouraria etc.). A desconfiança ligada à falta de transparência corrói a motivação (capítulos 2, 3, 4 e 6).

– "Setorização" nas atividades. Um setor se acha mais importante que todos, o que causa desmotivação nos outros, dificultando o planejamento integrado e causando prejuízos econômicos (capítulos 4 e 6).

– Nas cooperativas de trabalho onde se mora em agrovilas, o relacionamento entre os sócios pode se tornar tão intensivo que reduz a necessidade de ter contatos com pessoas de fora, e assim o coletivo se fecha em si, sem perceber. Isto pode intensificar as tensões entre os sócios (capítulos 1 e 2).

– Como trabalhadores rurais fazem parte da classe explorada e marginalizada, eles são vítimas genuínas das injustiças, o que pode contribuir para uma conduta de vitimização, de colocar a "culpa" dos problemas sempre nas questões externas, nesse caso, no capitalismo. Torna-se mais difícil admitir os próprios erros (capítulos 1, 2, 3 e 4).

Problemas comuns de coordenação

– Coordenadores sentem que têm muita dificuldade em saber como fazer os companheiros cumprirem suas funções (capítulos 3, 4 e 6).

– "Todos se sentem donos nos direitos, mas não nos deveres" e "associados assimilam os vícios do dono e do empregado" (capítulos 1, 2, 3, 4 e 6).

– Antagonismo entre os coordenadores e coordenados. Coordenadores não são respeitados, não sentem que têm poder para cobrar (capítulo 6).

– Ninguém quer ser coordenador. Parece que é uma função desgraçada (capítulos 1, 2 e 6).

– Como lidar com um coordenador ou liderança autoritário, manipulador e/ou personalista com grande poder social, mas que age ignorando os espaços democráticos necessários para tomada de decisão coletiva? (capítulos 6).

– Pessoas mais ativas socialmente têm tendência a acumular o poder e se perpetuar nele (capítulo 6).

Os problemas e desafios são complexos. Não há receitas simples para resolver essas situações, mas há possibilidade de pesquisar, aprofundar a compreensão da problemática e lidar com ela de modo aberto e proativo no sentido de revelar e desfazer as causas do problema.

O modo capitalista de lidar com os problemas os torna crônicos

Quando estamos perante uma dificuldade, problema ou conflito, seja uma criança birrenta, seja um aluno que não para quieto, seja conflitos no local de trabalho, seja preguiça do companheiro ou intrigas de poder, é comum reagirmos do seguinte modo:

– sentimos descontentamento, irritação, medo, frustração, raiva, culpa, impotência... E como fomos induzidos a não permitir sentimentos negativos, reagimos reprimindo o próprio sentir causando um bloqueio dentro de nós;

– sentimos exigência de resolver o problema de imediato, e assim, o poder fica concentrado no problema;

– mandar: "Fique quieto, não faça assim. Faça deste jeito!", mesmo que isso cause reação de oposição e revolta;

– a prática de educação e liderança é construída com base na competição, prêmios, vantagens, elogios, notas, avaliação, comparações, crítica, punição e exclusão. Tudo isto significa repressão à consciência;

– há uma exigência generalizada para todos funcionarem igualmente;

– o coletivo espera que coordenador/professor resolva o problema. Ou que alguém tenha uma vara mágica.

Essas rotinas são uma reprodução das estruturas de poder. Imitamos a cultura do poderoso, do mesmo modo como filhos imitam seus pais. Essa rotina repressora se repete de uma geração a outra.

Exigir é reprimir. Quando alguém exige de você, você fica alegre ou descontente? Quando a exigência é autoritária, você se sente injustiçado e com raiva? Quando você tem muitas tarefas simultâneas, "tem que fazer isso e aquilo", você se sente entusiasmado ou angustiado, impotente? Uma orientadora escolar refletiu sobre as exigências que ela sente no seu ambiente de trabalho: "Exigências provocam medo e raiva, tem que conseguir, não pode errar... Isto aumenta a sensação de solidão e egocentrismo. Exigência se sente como algo condenador, punição, maldade, paralisante".

Exigência limita a liberdade, portanto, limita a responsabilidade. Exigências reduzem a alegria de estudar, trabalhar e cooperar. Mesmo entendendo isto, vamos sempre ter o conflito a ser lidado: escolher entre o caminho da exigência ou o da liberdade, da consciência? Qual é a sua tendência de agir no seu cotidiano?

Mandar, exigir, criticar e elogiar são atos de repressão que impedem o crescimento genuíno do ser humano na sua conscientização. Estas práticas tornam os problemas crônicos, assim, sempre estamos lutando com as mesmíssimas dificuldades.

O modo socialista de lidar com os problemas desfaz as suas causas

Em vez da reação normal às dificuldades ou problemas, podemos desenvolver uma reação exatamente oposta à normal. Na Tabela 3 a seguir, na coluna esquerda, repetimos o modo capitalista de lidar com os problemas, e na coluna da direita, o modo oposto de agir, baseado na valorização incondicional do ser humano e coletivo:

Tabela 3 – Comparação das práticas capitalistas e socialistas de lidar com desafios

Práticas capitalistas de lidar com os problemas	Práticas socialistas de lidar com os problemas
Perante os problemas, reagimos com sentimentos de angústia, frustração, raiva, culpa ou impotência. E ao mesmo tempo reagimos como se não devêssemos sentir assim, causando em nós paralisação ou agressão.	Aceitar conscientemente sentir medo, raiva ou impotência sem se criticar ou reprimir.
A exigência de resolver problemas humanos ou sociais faz a atenção (poder) ficar concentrada no problema.	Ter compreensão que problemas humanos e sociais não se resolvem com um toque de mágica.
Reclamar, dar bronca, criticar.	Não criticar ou reprimir. Ajudar, conscientizar e valorizar.
Mandar: "Fique quieto, não faça assim. Faça deste jeito!" Isto causa revolta.	Inspirar, valorizar e conscientizar sobre as necessidades e oportunidades.
Competição, elogios, prêmios, vantagens, notas, avaliação, classificação.	Desfazer meritocracia (avaliações, classificação). Valorizar e ajudar principalmente quem está com mais dificuldade.
Punição, humilhação, exclusão.	O coletivo previne e impede ato destrutivo através da responsabilidade coletiva.
Exigência de que todos funcionem igualmente.	Todos somos diferentes, não se pode esperar o mesmo comportamento de todos.
Estas rotinas de reagir vêm das estruturas de poder. Elas tornam os problemas crônicos.	Estas rotinas socialistas libertam as nossas habilidades de pesquisar os problemas para podermos desfazer as suas causas.

A reflexão propiciada por esta tabela pode ser facilitada se consideramos que em nossa ação há duas dimensões (a interna, psicológica, e a externa, social):

– na dimensão interna, no modo de pensar e sentir, o ser humano tem total liberdade. Portanto, o modo da pessoa pensar e sentir alegria, amor, paixão, medo, tristeza, raiva e vergonha, deveria ser sempre respeitado incondicionalmente. Liberdade significa responsabilidade;

– na dimensão externa, não podemos agredir, mentir, ofender o outro, isso é inclusive contra as leis. Temos que seguir regras, cumprir tarefas e nos submeter à estrutura da organização. Assim, temos liberdade limitada de agir.

Provavelmente causada pelo sistema de poder, temos, infelizmente, uma tendência de lidar com o modo de sentir e o modo de agir com uma única lógica. Queremos mandar no modo do outro sentir, pensar e se comportar, mesmo havendo uma lógica oposta nas duas dimensões. Deveríamos, de um lado, sempre respeitar a incondicional liberdade de sentir e pensar do outro, e de outro lado, impedir coletivamente a pessoa de agredir o outro e conduzi-la para boas ações. Mandar ou proibir na dimensão do sentir e pensar sempre causa uma reação de oposição e revolta. Mandar ou proibir no sentir é profundamente injusto, já que pertence à liberdade total em cada ser humano!

O espírito de igualdade e solidariedade leva a uma nova forma de educação, coordenação e liderança. Educar e coordenar significa comunicar, ajudar, incentivar, valorizar e servir. Este tipo de coordenação fomenta a igualdade e a responsabilidade coletiva, e incentiva o protagonismo de todos levando à autogestão.

Nos capítulos seguintes essa abordagem é detalhada com suas respectivas ferramentas no plano operacional. Treinando o uso das ferramentas, o método vai se incorporando no modo cotidiano de agir, e assim vamos aumentando cada dia mais o sentimento de liberdade e alegria nas nossas relações, estudos, trabalhos, lutas e convivência. (A Tabela 3 é reproduzida e detalhada adiante, *Conceito socialista desfaz as causas dos problemas*).

2. CONCEITO SOCIALISTA DE SER HUMANO

No capítulo anterior, despertamos a necessidade de mudar profundamente os princípios de como nos relacionamos entre nós, se quisermos a igualdade e a solidariedade como essência de nossa vida, seja num coletivo como família, escola, cooperativa, seja na própria sociedade. Para isso, precisamos nos aprofundar e estruturar a compreensão sobre o ser humano e suas relações. Precisamos de um conceito socialista de ser humano como base para desenvolver ferramentas práticas e treinar um novo modo de educar, conviver, cooperar e coordenar.

Pela experiência prática, observamos claramente que discutir e conscientizar o conceito socialista do ser humano em coletivos causa um impacto significante. O espírito do coletivo muda, as relações e a cooperação melhoram visivelmente, a vontade de estudar e trabalhar aumenta, a ética do coletivo fica reforçada, a coragem e a criatividade são despertadas, e os conflitos perdem seu poder negativo. Assim, se cria um clima maior de alegria, confiança e realização.

O caminho não é fácil já que a nossa compreensão é exatamente oposta à que temos aprendido desde que nascemos. Portanto, nem devemos exigir resultados – eles surgem como consequência de trilhar o caminho rumo ao socialismo de autogestão.

A mudança do comportamento do outro começa a partir de você, com você mudando o seu jeito de lidar com ele.

Compreensão sobre o ser humano

Estamos tão acostumados a pensar sobre o ser humano dentro do paradigma capitalista que é difícil refletir de outro modo. O capitalismo considera o ser humano como eterno competidor por maior espaço e poder, e principalmente pelo dinheiro e pelo sucesso individual, numa luta que divide pessoas em classes.

A divisão em classes sociais ocorre porque a burguesia concentra nas mãos os meios de produção, enquanto que os trabalhadores/proletários só têm a força de trabalho para vender. Isto faz de uns, exploradores, e de outros, explorados. A dominação, decorrente das relações de poder, embora derivada da estrutura capitalista, não se restringe a uma dominação de uma classe sobre outra. Nós mesmos, sem perceber, reproduzimos essa estrutura de relações com nossos companheiros.

O sistema é construído de modo que o rico enriquece ainda mais por causa da exploração da força de trabalho e dos recursos naturais, bem como pelos juros e pela especulação. A grande maioria pertence à classe trabalhadora que produz na agricultura, na indústria, serviços, bancos e comércio. Precisamos ter outra forma de pensar sobre o ser humano que fomente e assegure o respeito mútuo, a igualdade social e a solidariedade entre as pessoas e os povos.

O que é um ser humano? Por que oprimimos o outro e por que os países entram em guerra? Como a saúde é influenciada pelo nosso modo de sentir? Por que a pessoa sofre, mesmo que aparentemente esteja tudo bem? Sobre essas questões, pensam os filósofos, teólogos, cientistas e pessoas comuns, cada um de sua própria perspectiva.

Conforme Sócrates (filósofo grego, 470/469-399 a.C.), o ser humano quer o bem do seu ponto de vista, e age de acordo como acha ser melhor para ele. Mas quando está desequilibrado, por exemplo, com muito medo, raiva ou sentimento de inferioridade, age de modo destrutivo, reprimindo, usurpando e humilhando o outro.

Sócrates constatou que ninguém faz mal conscientemente, querendo dizer que se a pessoa aceitasse a consciência de sua má intenção, não iria praticá-la. Maldade é uma questão de desequilíbrio psíquico, uma doença psíquica.

Jean-Jacques Rousseau (filósofo francês, 1712-1778) acreditava que a pessoa nascia boa e era corrompida pela sociedade. Isto implica que nossa constituição física e psicológica está em permanente transformação. Apesar disso, todos nós temos, de alguma maneira, consciência da verdade, da ética universal. De acordo com Rousseau, a sociedade injusta é o fator mais importante que faz com que nos tornemos desvirtuados ou desequilibrados em nosso ser.

Podemos refletir sobre o ser humano em três dimensões: o psíquico, o físico e o social:

– *Dimensão psíquica*: o ser humano age na sua vida psíquica: ele pensa (intelecto), sente e age espiritualmente (esta última é uma questão de crença de cada um). Ele é consciente de si mesmo e do que está ao seu redor, e usa sua percepção e vontade ao agir. Se a dimensão espiritual for levada em consideração, ela é provavelmente a dimensão mais profunda, com o sentir surgindo depois, e o pensar como o nível mais superficial.

– *Dimensão física*: o ser humano cresce, age, trabalha, adoece, se recupera, se desenvolve na sexualidade e envelhece. A psiquê e o corpo têm uma ligação íntima: os sentimentos agem diretamente no neurológico e no sistema endócrino (hormônios). A atividade psíquica fomenta a saúde do corpo ou provoca doenças.

– *Dimensão social*: até mesmo como fetos, estamos em contato com o ambiente ao nosso redor. No útero sentimos e vivemos os acontecimentos ao redor e o humor da mãe. Nascemos e somos influenciados pelos nossos responsáveis, pelos próximos, e com o tempo, cada vez mais, diretamente pelo ambiente social. Temos tendência a imitar as pessoas mais próximas sem que observemos isto.

Quando uma pessoa está se sentindo mal, isso é perceptível de diferentes modos: sintomas emocionais como angústia e tristeza, dor física ou doenças, problemas de relacionamentos interpessoais ou dificuldade para se cuidar, estudar, trabalhar e conviver. As razões para seu sofrimento são normalmente múltiplas.

A vontade é um fator importante, já que ela inclui a liberdade e, portanto, a possibilidade de mudança, libertação. Através da vontade, a pessoa conduz sua atividade no campo espiritual, no seu sentir e pensar, e consequentemente seu comportamento e suas ações. A vontade se baseia na liberdade de escolha e, assim, significa a esperança de uma vida melhor, mesmo quando as circunstâncias continuam inalteradas, pois a atitude perante a situação pode ser mudada. Epicteto (filósofo grego, 55-136 a.C.) diz que mais importante que a própria dificuldade é como você a encara.

Nesse contexto, o termo consciência inclui os campos espiritual, do sentir e do pensar (intelecto, razão). O ser humano é consciente de sua existência e do seu meio ambiente, caso contrário sua vida perde qualquer sentido. A figura a seguir descreve o ser humano, utilizando esses conceitos:

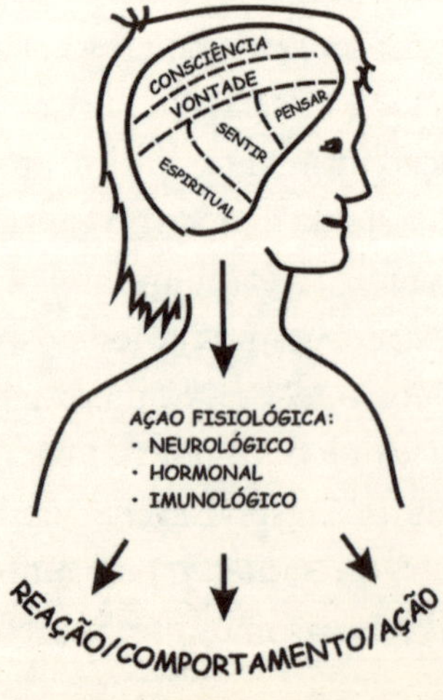

A figura facilita desenvolver os pensamentos básicos sobre o ser humano socialista no sentido de fomentar valores como liberdade, igualdade e solidariedade (você pode ver o resumo disto no Anexo 1: conceito socialista de ser humano):

Igualdade resulta na solidariedade e responsabilidade coletiva

Igualdade e justiça social requer que todos tenham maximamente igual poder para participar na tomada de decisões. Isso pode ser organizado aplicando-se a democracia direta para que todos tenham um voto direto em decisões importantes e no planejamento de longo prazo. Todos têm o mesmo direito de influenciar diretamente as atividades comuns, definir os princípios de funcionamento do coletivo e planejar as atividades. A democracia direta não elimina a democracia representativa, o povo escolhe os representantes para cuidar da aplicação das decisões tomadas pela democracia direta.

As ações coletivas são organizadas formando uma estrutura que especifica a divisão de tarefas e uma coordenação estruturada de todas as atividades do coletivo.

Metáfora	Símbolo	Pensamento
Responsabilidade coletiva		Igualdade implica a responsabilidade coletiva, o que requer democracia participativa (direta), que na economia e na política significa o poder do povo. É a base da valorização do ser humano e do coletivo.

Em uma família, os adultos têm mais responsabilidade, ou seja, maior liberdade para tomar decisões do que as crianças. À medida que as crianças vão crescendo, aumenta progressivamente a sua participação na tomada de decisões junto com os adultos. Isso faz parte natural do desenvolvimento para se tornarem cidadãos livres e, portanto, responsáveis.

Todos os nossos coletivos estão parcialmente contaminados pelas relações de poder reproduzidos do capitalismo. Estamos desde criança alienados das informações e do poder de decisão. Precisamos criar um processo gradativo para aumentar a participação de todos, tanto nas famílias, escolas, locais de trabalho quanto na sociedade em geral.

Em nossa sociedade, o poder essencial está na atividade econômica e financeira, e é de fundamental importância a aplicação da democracia direta na definição dos princípios e regras do sistema econômico. Reflitamos juntos:

– A sociedade deveria ter como seu objetivo principal o bem-estar humano, social e ecológico em vez de lucro monetário?

– Você acha correto que alguém possua muito mais do que é capaz de usufruir?

– Você acha correto alguém expropriar o resultado do trabalho dos outros?

– Você acha correto alguém enriquecer com especulação e juros?

– Você quer que os acionistas de uma empresa, que nem trabalham na empresa em questão, tenham direito ao lucro?

– Será que os trabalhadores deveriam ser os verdadeiros responsáveis (donos) pelas organizações onde eles trabalham?

– Quando alguém tem dinheiro além de suas necessidades, em vez dele ganhar juros em cima desse dinheiro, não deveria pagar imposto sobre o dinheiro "parado", de que não precisa?

Quando o povo puder responder este tipo de perguntas, e suas respostas forem levadas a sério, tornar-se-á possível construir um sistema econômico diferente, baseado nos valores de liberdade (responsabilidade), igualdade e solidariedade.

Quanto maior liberdade, maior responsabilidade, portanto, menor alienação.

Relações de poder: repressão ou valorização?

Aprendemos desde crianças certos padrões de reação em nossas relações com os pais, irmãos, amigos, professores etc. Toda relação implica certo poder de influenciar o outro. Quando o poder de influenciar o outro é grande, a relação se torna importante. Querer usar todos os seus meios para fazer o bem para outros é um ato de amor, mas almejar ter poder para si é um sintoma de desequilíbrio (superioridade, autoritarismo, egoísmo, personalismo...).

Os meios do poder se baseiam na importância que o outro tem em demonstrar amor e aceitação, dar comida ou dinheiro, ficar bravo, criticar, rejeitar ou ameaçar com força, entre outros. Usamos rotineiramente estes meios na educação, motivação e liderança. Conforme Antonio Gramsci (filósofo político italiano 1981-1937), a classe dominante procura construir e exercer um papel hegemônico através de dois mecanismos fundamentais: a coerção e o convencimento. Neste último caso, observamos que nos dias atuais a mídia tem um papel essencial na sua função de alienar o povo (não é um objetivo declarado).

Ter poder é ter poder para exigir, limitar, controlar, reprimir e premiar. Tudo isso é contrário a valorizar. O poderoso reprime a si mesmo e aos outros, conforme Paulo Freire (pedagogo brasileiro, 1921-1997). O poder dá uma falsa sensação de existência. O poder é como uma droga, um círculo vicioso. O poderoso é bajulado pelos outros, e isto o aliena mais ainda da realidade resultando em solidão, isolamento e paranoia. Ganhar poder alimenta a mania de grandeza, resultando em tentação de recorrer à corrupção e à ditadura. Interessante observar que no hospital psiquiátrico alguns doentes se acham Napoleão, Cristo, Deus...

O aspecto essencial, menos percebido e discutido, é o poder psicológico. Para que eu consiga ter poder psicológico sobre você, você deve sentir inferioridade, medo, insegurança, culpa, vergonha ou raiva, e, ao mesmo tempo reagir no sentido de ocultar esses sentimentos. Assim, desde o seu nascimento você foi induzido a achar que esses sentimentos são vergonhosos e um sinal de fraqueza. Sentir, por exemplo, medo e indignação e na mesma hora reagir, negando estes sentimentos, é uma contradição interna (autonegação) que sufoca a sua capacidade de reagir.

Essa é a armadilha dos sistemas de poder para manter os povos paralisados. É também a mesma lógica que assegura muitos casamentos na aparência, por exemplo, com a mulher sentindo medo e inferioridade e, na mesma hora, negando seu modo de sentir. É assim que ela paralisa a própria capacidade de refletir, consultar outros, avaliar a situação e as alternativas, usar sua criatividade e planejar uma nova forma de agir/viver.

Para sair desta armadilha é necessário aprender gradativamente a respeitar a liberdade de cada ser humano de sentir o que está sentindo, inclusive respeitar os próprios sentimentos em relação aos outros. Ver a Tabela 3, cap. 1: O modo socialista de lidar com os problemas desfaz as causas dos problemas.

Como dizia Fernando Pessoa (poeta português, 1888-1935): "Pensas, sentes e sabes que pensas e sentes".

Temos total liberdade de sentir e pensar, e liberdade limitada para agir

Conforme o Dicionário da Língua Portuguesa, *Michaelis*, o termo sentir significa perceber por meio de qualquer um dos sentidos; experimentar uma reação física, perceber algo que se passa no próprio corpo; ter consciência, conhecer, notar.

O ser humano é totalmente livre no seu modo de sentir e pensar. Ninguém pode controlá-lo em seus sentimentos ou pensamentos. Mas na ação, somos limitados.

Não se pode mentir, matar, bater, ofender o outro: precisamos manter nossas promessas e pagar impostos. Se tentarmos mandar em alguém, referente à sua maneira de sentir ou pensar, o resultado é o inverso do desejado. Se alguém, por exemplo, lhe diz para não ficar bravo, você fica mais bravo ainda. Se você precisa ficar feliz, aí é que não consegue sentir alegria nenhuma. O mesmo vale para o sono: você não consegue dormir quando pensa que tem que dormir. Você consegue se apaixonar por uma pessoa por comando?

No diagrama, a seguir, há uma descrição sintética sobre sentir e agir, liberdade e responsabilidade.

Metáfora	Símbolo	Pensamento
Liberdade	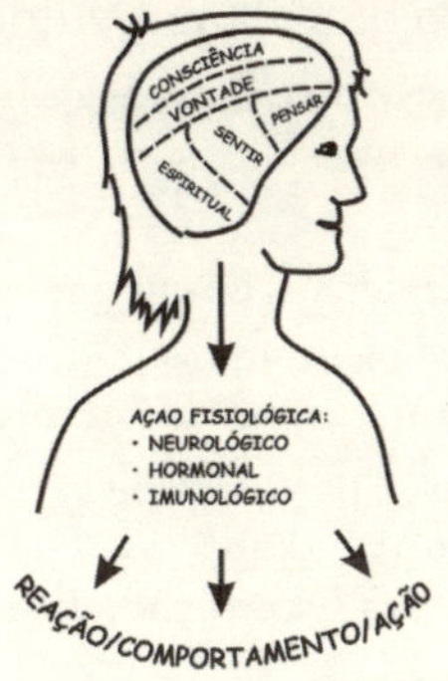	Temos liberdade de sentir e pensar, e liberdade limitada de agir. Liberdade implica responsabilidade e responsabilidade requer liberdade, elas significam a mesma coisa. Somos responsáveis pelo nosso modo de sentir alegria, amor, indignação, medo, inferioridade, tristeza, frustração, vergonha, raiva... Devemos respeitar o modo de sentir de cada um. Os sentimentos influenciam nossas atividades fisiológicas.

O ser humano age em dois níveis: um interno, psicológico, e outro externo, social. Dentro destes dois níveis, a lógica de funcionamento é quase oposta. Mandar a pessoa sentir e pensar de um certo jeito causa imediatamente oposição, e com toda razão, pois é uma ofensa à liberdade total. Tentar, por exemplo, controlar a raiva, alimenta a própria raiva. Ainda assim, é necessário impedir as ações injustas e agressivas.

Concluindo: não tente controlar seu sentimento, mas controle o que vai falar e fazer, controle sua boca e seu braço. Aja sempre com respeito, mesmo em relação a seus opositores. Observe que a conduta deles não é da "sua conta", ela é da responsabilidade, liberdade deles. Não espere, e muito menos exija, que eles ajam do modo que você acha certo. A melhor maneira de tentar mudar a conduta do outro é você mudar o seu modo de lidar com ele. Respeito chama respeito; irritação provoca irritação.

Uma pessoa que está com muita raiva, tem muita necessidade de se sentir respeitada, sendo que ela não se respeita, e assim nem aos outros. Um policial canadense que tem que andar sozinho na sua viatura nas rondas fala que quanto mais drogada e agressiva a pessoa está, com mais respeito tem que se lidar com esta pessoa. "Eu estou sozinho, na visão do outro, mais vulnerável, portanto, não adianta bancar o forte. Tem que usar a psicologia do respeito". Ele continua:

> Se você não tentar entender a crise em que a pessoa se encontra e perguntar o que ela está sentindo, a probabilidade é grande da situação se tornar violenta, como de fato ocorre quase sempre. Infelizmente, muitos policiais só aprendem isso na prática (como eu) e muitas pessoas morrem desnecessariamente por falta deste entendimento. Isto deveria ser ensinado já na escola de polícia, onde a gente só aprende a lutar.

A liberdade de sentir é inviolável

Uma criança, à medida que vai crescendo, recebe gradativamente mais liberdade, e assim suas responsabilidades aumentam. Um coordenador tem responsabilidade maior do que aqueles que ele coordena e, portanto, maior é a sua liberdade de decisão.

Ser responsável por uma tarefa significa ter a liberdade de usar suas habilidades e conhecimentos nessa tarefa. Uma pessoa responsável e, portanto, amorosa, usa suas possibilidades para o bem comum. Responsabilidade pressupõe liberdade e liberdade traz responsabilidade.

Se perguntarmos aos colegas de trabalho quem quer ter mais responsabilidades, todos olham para baixo, mas se perguntarmos quem quer ter mais liberdade, todos levantam a mão. As pessoas associam responsabilidade à exigência, à obrigação. O termo responsabilidade tem uma conotação negativa, enquanto a liberdade é entendida como oposta da responsabilidade. Seria bom que todos nós usássemos somente a palavra liberdade em vez de responsabilidade para que aprendêssemos a associar responsabilidade com liberdade.

Por exemplo, você pode falar para o seu filho: "Hoje é a sua liberdade de lavar a louça". Você o respeita se ele se negar, falando: "eu vou usar esta liberdade para lavar a louça". No outro dia e num terceiro, falar a mesma coisa, para que seu filho comece a acreditar que você respeita o que está falando. Aí ele pode sentir curiosidade e perguntar sobre como é esta liberdade. Nesse momento, você pode explicar que liberdade significa liberdade para usar seus conhecimentos e habilidades para alguma atividade, numa atitude de responsabilidade e amor.

Quando falamos para uma criança não chorar, ela passa a chorar ainda mais. Se uma pessoa está com medo e você fala "não fique com medo", aí é que o medo se estabelece nela. Se dizemos para alguém que está depressivo, "olhe toda sua riqueza, sua casa e sua família", ele sente que ninguém o entende. Se você se cobra espontaneidade e autoconfiança, você só se torna mais inseguro. Quando você se exige ficar forte, aí é que você enfraquece. Ordens, exigências e proibições no campo do sentir e pensar causam o efeito contrário, uma reação de oposição e revolta.

O sistema social, as leis, normas e a moral, tendo como pano de fundo a competição ilimitada, colocam exigências o tempo todo em cada ser humano. Trabalhar e estudar se tornam obrigações penosas. No entanto, cada pessoa, de alguma maneira escolhe o próprio modo de lidar com essas exigências, aceitando e assimilando como suas, ou percebendo a armadilha que elas significam, e não entrando no jogo e mantendo a sua liberdade de avaliar e priorizar as tarefas.

Durante o seu tempo no campo de concentração, Viktor Frankl (psiquiatra, psicanalista austríaco, 1905-1955) viveu num sistema onde os guardas podiam decidir a respeito de tudo o que alguém devia fazer, porém, ele ainda assim se sentia totalmente livre nos seus pensamentos e sentimentos. Exteriormente ele era um prisioneiro completamente desprovido de liberdade, mas internamente se sentia livre. Ele tinha liberdade para agir no plano espiritual, sentir, pensar e se relacionar com a situação à sua maneira. A consciência da liberdade interna ajudou-o durante o longo tempo de sofrimento que passou.

Como disse Mahatma Gandhi (pacifista e político indiano, 1869-1948): "A prisão não são as grades e a liberdade não é a rua. Existem homens presos na rua e livres na prisão".

Sentimentos afetam o corpo

Cada um de nós pode facilmente observar como os sentimentos agem sobre o corpo. Quando estamos com medo ou raiva, as expressões faciais ficam tensas, a respiração paralisa ou fica mais rápida, o coração começa a bater mais forte, os músculos se contraem e as mãos começam a tremer. De outro lado, a felicidade também transforma o rosto, diz-se que as sobrancelhas falam. Quando você sente ansiedade, o sistema nervoso simpático acelera e simultaneamente o sistema parassimpático freia. Isto cria como um curto-circuito estressante fisiologicamente, como se fosse dirigir o carro pisando simultaneamente no freio e acelerador.

Sentimentos que promovem a harmonia, como alegria e amor, equilibram as atividades neurológicas, hormonais e imunológicas, e contribuem assim para a saúde física. Um sono relaxante é um remédio eficiente para equilibrar as funções fisiológicas do corpo.

Isto também se aplica no sentido inverso: o corpo afeta a atividade emocional. Cansaço deixa uma pessoa mais irritada. Dor de dente não inspira alegria, mas sentimentos negativos. E aqui também vale o ditado: não é tanto a própria dor que conta, mas sim como a encaramos.

Parece óbvio que alegria, gratidão, curiosidade, humildade e amor prolongam a vida. Um agricultor de 100 anos foi entrevistado em um jornal. Na foto que acompanhava o texto, estava ele, sentado em uma mula com, no mínimo, 100 descendentes ao fundo. O repórter perguntou para o homem qual era o segredo para uma vida longa, sua resposta foi: "curiosidade". O repórter continuou perguntando o que um homem com essa idade, que já viveu tanto, ainda queria da vida. O velho respondeu: "Recomeçar tudo de novo". Curiosidade, querer conhecer e descobrir é como um motor energético.

Uma pessoa que toma uma posição de vítima ou mártir nega a sua liberdade, ou seja, algo muito essencial em si. Ela se fecha no mal que sente. A atitude de se tornar vítima pode ser um problema maior que o próprio problema. Mas sentir a alegria da liberdade é uma grande sensação, mesmo que seja em pequenas coisas, como por exemplo, andar de bicicleta.

No Instituto de Formação Iterra havia em uma parede um texto de Rosa Luxemburgo: "Por um mundo onde sejamos socialmente iguais, humanamente diferentes e totalmente livres". Logo na outra parede havia uma placa dizendo: "Nossa liberdade é uma ofensa às correntes do desamor". Juntando estes dois dizeres, entendemos que nós só somos livres no amor. Um ato de amor é lutar pela justiça social, impedir uma agressão, falar e agir pelo bem.

Quando a criança nasce, ela tem total direito e necessidade de ser aceita e amada justo como ela é, mesmo doente ou com uma deficiência. E esta necessidade continua a vida toda, em cada um de nós. Só que não vivemos num mundo de amor, ao contrário, as estruturas de poder são de desamor. Por isso, sentimos uma profunda carência de amor. Parece que no fundo cada um de nós está em busca do amor.

Se for oportuno, leve o coletivo a refletir e discutir a partir das seguintes questões:

– Quando você está feliz, é porque você decidiu ficar feliz?

– Você fica magoado quando alguém tenta ofendê-lo? O que você normalmente sente nesse caso?

– Você se apaixona por alguém que está pedindo para você se apaixonar por ele/ela? Como você reage?

– O seu supervisor tem mais responsabilidade que você? Argumente.

– Por que você acha que as pessoas gostam, normalmente, mais de liberdade do que de responsabilidade?

– O que acontece no seu corpo quando você sente alegria, amor, medo ou raiva? Descreva os efeitos de cada sentimento.

– Como reage o seu corpo frente a fantasias sexuais?

"Deixe-me dizer-lhe, correndo o risco de parecer ridículo, que o verdadeiro revolucionário é guiado por grandes sentimentos de amor" (Che Guevara).

Riquezas humanas e empecilhos presentes em todos nós

Todo ser humano tem todas as características humanas: riquezas humanas (virtudes e habilidades) e empecilhos (limitações, problemas), cada um a seu modo e grau, não havendo duas pessoas totalmente iguais em nenhum aspecto.

Valorização humana significa valorizar as riquezas na pessoa e ter compreensão dos empecilhos presentes nela. A lógica de relações dentro do conceito socialista se baseia em reforçar a consciência das riquezas humanas em cada pessoa, e especialmente naquelas que mais têm dificuldades (isto não significa elogiar; veja mais à frente o cap. 3).

Deve-se reforçar a saúde (psíquica) da pessoa para que a saúde cure o empecilho. Não se focar em criticar o empecilho, mas reforçar a riqueza que está sendo falha. Por isso, a ferramenta se chama crítica invertida, inverter a crítica. A ideia não é eliminar a crítica tradicional, da mesma forma que a democracia direta não vai eliminar a democracia representativa, mas simplesmente mudar o foco e o peso dado a cada aspecto.

Conceituando as riquezas humanas

As riquezas humanas podem ser descritas de várias maneiras. Aqui destacamos: percepção (visão, audição, tato, olfato e paladar), memória, intuição, amor, responsabilidade, coragem, iniciativa, criatividade, entusiasmo, bom senso, senso estético, honestidade, senso de justiça, autodisciplina, talentos especiais de vários tipos, capacidade de aprendizagem e habilidades físicas.

As riquezas humanas não dependem da idade da pessoa, origem étnica, educação ou cultura. Elas existem dentro de todos nós, em diferentes modos e graus. Estar consciente delas é um dos pilares para a saúde psíquica. O principal objetivo da educação e das lideranças deve ser reforçar a consciência delas em cada um.

Quando estamos usando as riquezas humanas, nos tornamos mais conscientes delas. Se não as usarmos, passamos a ter a sensação de que não existem, o que faz com que a vida perca seu sentido e se torne desanimadora, triste. A seguir, uma lista de riquezas humanas e uma descrição das mesmas.

Percepção

Para perceber a realidade circundante, temos os sentidos de ver, ouvir, cheirar, saborear e sentir.

Sentir é um conceito complexo. Eu sinto que a mesa é dura, o travesseiro é macio, que o toque da pele de outra pessoa é gostoso e que a brisa é fria. Também posso sentir tristeza, alegria, raiva ou gratidão. O sentimento de alegria é contagiante.

Além dos sentidos, a percepção envolve interesse, curiosidade e o desejo de compreender a realidade.

Memória

Uma das características fundamentais que temos enquanto seres humanos é a capacidade de nos lembrarmos de situações passadas. A memória nos permite olhar para trás no tempo, resgatando experiências vivenciadas, aprendendo com elas e projetando o futuro. A memória pode ser intelectual, como conseguir lembrar o número de telefone de um amigo. Também temos memória no âmbito dos sentimentos e no âmbito da ação. Por exemplo, uma vez que aprendemos a andar de bicicleta, fazemos isso de maneira irrefletida, quase que de forma automática.

O grau de facilidade ou dificuldade que temos para nos lembrar de alguma coisa depende parcialmente do grau de importância que damos a ela. Por exemplo, se não nos interessa um texto que estamos lendo, mal lembraremos dele depois; mas, caso contrário, se o consideramos interessante e importante, mais facilmente nos lembraremos dele. Se na escola você tem que estudar um tópico que não lhe interessa, você o faz mal feito. Mas se você ama, por exemplo, português ou matemática, o aprendizado acontece com entusiasmo, facilidade e profundidade.

Temos uma tendência de esquecer mais quando envelhecemos; principalmente perdemos a memória de curto prazo. O presente perde o sentido, o passado e o futuro tomam lugares mais dominantes. A memória se estende mais longe no passado e a percepção de estende mais para o futuro. Talvez seja algo natural no final da vida, o futuro se tornar mais importante numa visão ampla, infinita e espiritual, e o agora começar a perder sua importância.

Intuição

A intuição é uma percepção que não vem dos cinco sentidos. A palavra "intuição" vem do latim *intueor*, onde *in* significa "interior" e *tueor* "proteger". A intuição (consciência interna/olhar interior) tem grande influência quando se observa o mundo externo. "Eu senti que as coisas tomariam esse caminho". A intuição também é chamada de sexto sentido.

Sobre a intuição se diz que não sabemos que sabemos. A intuição fica perto da consciência espiritual, nem sempre se mostra no âmbito do pensamento (dimensão intelectual). A intuição é às vezes interpretada como algo inconsciente na consciência, mas nós entendemos que ela é um aspecto da consciência fora do intelecto.

A intuição poderia fazer parte da atividade de sentir ou da esfera espiritual, já que está próxima à fronteira de ambas. Na cultura atual, salientamos a importância do conhecimento racional (ciência positivista), empobrecendo as capacidades intuitivas humanas. A intuição é uma riqueza importante que precisamos respeitar e praticar.

Amor

Um recém-nascido precisa de amor mais do que tudo. Uma criança que não é amada sente isto como uma grave injustiça e reage com revolta ou bloqueio da consciência. Não são somente os recém-nascidos que têm necessidade e direito ao amor, todos nós temos, da infância até a morte.

Amor é a condição da vida. Amor é o sentimento básico da vida. Ele pode ser descrito pelas palavras afeto, aceitação, confiança, abertura (curiosidade), alegria e gratidão. Amor significa querer o bem e agir conforme o bem (altruísmo, ágape) sem esperar nada em troca. Para uma criança, o amor dos responsáveis é a maior fonte de alegria e conforto. Quando uma criança se sente amada, ela sente que tem valor por si só. Ela sente sua existência com aceitação e segurança.

O ser humano quer viver, conviver, descobrir a realidade, usar suas habilidades e ser consciente de sua existência. Ele quer contato com o outro, com o ambiente ao redor e com a natureza. O ser humano é um ser social que precisa dos outros para se tornar realizado e feliz.

Amor significa responsabilidade e iniciativa. Uma pessoa amorosa age em benefício de seus companheiros e do ambiente. O amor (puro) leva às boas ações e, portanto, é sempre ético. Somente no amor podemos sentir a verdadeira liberdade.

Amor envolve humildade; no amor aceitamos as coisas como são; fazemos o possível para melhorar a condição de vida, mas sem exigir resultados. O amor não é passivo: quando uma pessoa fica sabendo de uma injustiça, aceitando a consciência da injustiça, ela começa a planejar o que precisa e pode fazer para corrigir a injustiça. A humildade é contrária a exigir. O amor é contrário a exigir.

Sabedoria é quando o ser humano une conhecimento e amor em suas ações. Qualquer desenvolvimento científico e tecnológico deve ser usado exclusivamente para a promoção da vida. Albert Einstein (físico alemão, 1879-1955) esteve muito preocupado em como iriam usar o resultado de suas descobertas sobre física atômica, se seria para construção de armas, bomba atômica ou para o desenvolvimento de atividades pacíficas.

Assim como no caso de todas as outras riquezas humanas, é importante treinar o amor. Podemos, por exemplo, mesmo que contra a vontade, fazer boas ações ajudando pessoas desconhecidas, sem esperar qualquer tipo de reconhecimento. Amar é doar-se, é ser generoso. As pessoas são felizes e agradecidas ao poder dar, sentem que estão "ganhando" quando dão.

Raiva, no nível saudável, é sinal de que você se importa perante um perigo ou uma injustiça, e se importar é uma forma de querer o bem, significa amar. Raiva destrutiva é uma negação do amor. Indiferença é não usar as próprias habilidades mesmo quando seria capaz de agir para o bem. Todos os sentimentos são sintomas do amor, sintomas de aceitação de amor ou sintomas de negação de amor.

Aristóteles (filósofo grego, por volta de 384-322 a.C.) acreditava que a felicidade é o objetivo da vida, e a alcançamos através do amor com boas ações.

O pai da psicanálise Sigmund Freud (medico, psicanalista austríaco, 1856-1939) disse que, na hora da verdade, precisamos amar para não ficarmos doentes. E, de acordo com Sócrates, quando estamos fazendo algo bom para o outro, estamos fazendo o bem para nós mesmos.

Sentido espiritual

Espiritualidade diz respeito à compreensão dos fenômenos para além da dimensão material. As várias religiões têm desenvolvido seus próprios pensamentos, crenças, dogmas, rituais e linguagem que se relacionam com o mundo espiritual. A dimensão espiritual pode ser considerada a atividade mais profunda da vida psíquica.

A humanidade sempre quis saber sobre a criação do universo, o sentido da vida e a vida após a morte. Isso demonstra uma curiosidade insistente ou necessidade de investigar questões que estão além da nossa capacidade de captação sensorial. Temos os cinco sentidos de percepção, mas será que temos um sexto sentido espiritual? A maioria da humanidade leva em consideração algum tipo de religião, será que elas são puramente fantasias ou significam algo real?

Se a dimensão espiritual existe, temos uma ligação com ela, e isto significa que agimos também de alguma maneira no plano espiritual, temos escolhas nesse plano. Será que podemos nos abrir para energias e influências boas ou ruins? Exemplificando, uma pessoa que se sente muito desanimada e triste, pode decidir rezar, e rezando, ela transfere a sua atenção das coisas ruins para algo bom, sejam anjos, Deus, Alá... Ela pode até achar que Deus a ajudou, mas será que foi Deus ou foi a mudança na conduta dela, ou os dois? Quando uma pessoa está em estado psicótico, diz-se que ela está possessa pelo demônio, popularmente "encapetada". O homem que cometeu uma violência matando sua própria esposa fala que não era ele mesmo, mas que estava sob o efeito de forças ou energias externas.

Talvez eventuais habilidades parapsicológicas, telepatia e outros talentos pertençam ao chamado mundo espiritual. Os fenômenos espirituais são estudados pela teologia e também pela parapsicologia (área de fenômenos psíquicos que a psicologia acadêmica se nega a estudar).

Coragem

Coragem é agir apesar do medo da dor, perigo ou incerteza. Coragem é defender seus pontos de vista e valores perante adversários. O novo é desconhecido e, portanto, incerto, mas quem é corajoso toma iniciativas e experimenta suas possibilidades; não desiste mesmo falhando, ao contrário, tenta de novo.

A pessoa corajosa é sabiamente consciente de seu possível medo e o aceita, faz uma avaliação da situação e age. A coragem é buscar força coletiva para trazer mudanças. Imprudência é negar a visão sobre os perigos, arriscando a vida à toa. Mas é negação da coragem estar consciente das injustiças existentes, visíveis pela quantidade de pobres e marginalizados, e não reagir.

Pode-se treinar e crescer na coragem ao permitir-se sentir conscientemente o próprio medo, aceitando-o e não exigindo de si destemor.

Concentração

Concentração é um ato de colocar a atenção e o foco numa questão só, seja na pesquisa, estudo ou no trabalho físico. Concentrando-se numa atividade, a pessoa se desliga do seu meio ambiente e de fatores que possam distraí-la. Concentração é um fator essencial para a aprendizagem e execução de tarefas complicadas.

Se você ama o que está estudando, você se concentra espontaneamente e aprende fácil.

Concentração implica muitas vezes autodisciplina. É o senso de concentração e atenção em uma coisa por vez, mesmo que o pensamento queira vagar aqui e acolá. Como isso funciona em uma sala de aula, por exemplo, onde alguns alunos fazem desordem e barulho? Será que o professor concentra a sua atenção na distração ou nos alunos que querem aprender algo?

Como você se sente quando alguém em uma reunião reage com comentários negativos perante sua opinião? Isso rouba a sua atenção ou você continua concentrado no que é importante?

Criatividade

Criatividade é criar algo novo, algo que não existia. É libertar-se das práticas e crenças existentes, desafiando o habitual. Fantasia, imaginação, coragem e entusiasmo são fatores associados à criatividade.

Uma pessoa pode também usar a criatividade para fugir da consciência da realidade. Ela pode, dentro de si, criar problemas, perigos, doenças, traição e catástrofes mundiais. Ela pode imaginar sucessos, conquistas sexuais e felicidade que não tem. Nesse caso, a habilidade é usada para o próprio prejuízo.

Podemos ajudar as crianças a desenvolver a criatividade incentivando-as a experimentar e errar. Se nós nos prendemos aos erros, matamos a coragem e a criatividade. Criatividade significa abertura e tolerância, ou seja, amor.

Bom senso

Bom senso é um conceito ligado às noções de sabedoria e de razoabilidade. Para Aristóteles, o bom senso é a capacidade virtuosa de achar o meio termo e distinguir a ação correta.

Na língua finlandesa se usa o termo "senso de camponês". Muitas vezes, bom senso e senso comum estão em conflito. O senso comum está frequentemente ao contrário da percepção do que é justo e razoável. É justo que uma pessoa que tem mais dinheiro use o excedente para se tornar ainda mais rica explorando o trabalho dos outros e especulando?

O bom senso é uma demonstração de saúde psíquica e de equilíbrio. A mentalidade competitiva, consequência do sistema que vivemos, faz com que o senso comum das pessoas, ou seja, a vontade de se importar com os outros e com a natureza, se desmanche.

Por vezes, o conhecimento racional/teórico pode suprimir o bom senso. Com frequência, parece que a política e a vida econômica carecem totalmente de bom senso. Será que a perseguição às bruxas na Idade Média, a quase eliminação dos agricultores familiares por Stalin ou a perseguição aos judeus por Hitler foram uma demonstração de bom senso? Foi de bom senso quando os colonizadores europeus escravizaram povos da África, América e Ásia? Será que há bom senso nas regras da atividade econômica em relação à pobreza e à destruição da natureza?

Senso ético e honestidade

Ética é estar consciente da verdade e defendê-la. É também um ramo da filosofia que analisa os fundamentos das ações humanas. Ética significa os valores universais de viver, ela não é ligada aos costumes e moral da época, é sempre a mesma, independente do tempo e local.

Moral é uma percepção do mundo associado ao tempo e espaço. Até a década de 1950, usar minissaia era imoral nos países ocidentais e é ainda nos dias de hoje nos países árabes. Na moralidade global, a especulação e a exploração do trabalho do outro e das riquezas naturais são plenamente aceitas.

Sócrates considerou que o ser humano tem contato com a verdade em seu interior, significando que ele possuiu senso ético inato, uma ligação com a verdade universal sobre o bem e o mal

(mal sendo negação do bem). Porém, cada um de nós interpreta a verdade com a distorção causada principalmente pelos valores distorcidos da sociedade.

Honestidade é uma conduta ética na pessoa. Uma pessoa honesta (ética) não aceita inverdades do sistema social. Por exemplo, uma pessoa explorar a outra ou alguém sujar e destruir a natureza, mesmo que seja o costume do seu meio ambiente.

Como as crianças seguem principalmente o exemplo dado pelos pais, o senso de honestidade destes é um importante modelo para as crianças. A desonestidade dos governantes contamina seus subalternos. Honestidade é trabalhar para alterar as leis injustas especialmente na esfera econômica.

A escritora austríaca Maria von Ebner-Eschenbach (1830-1916) fez esta advertência: "Seja dono da sua vontade e servo da sua consciência". Viktor Frankl interpretou a consciência numa perspectiva transcendental, como sendo um canal para a voz espiritual, uma ligação com o divino. Ludwig Wittgenstein (filósofo austro-britânico, 1889-1951) escreveu que a crença em Deus é a percepção de que a vida possui um sentido.

Senso de beleza

Beleza é associada à arte: uma pintura harmoniosa, uma música celestial, fotografias reveladoras e peças de teatro que despertam a consciência em nível profundo. Refletir sobre a beleza é como contemplar a ética. O que é beleza? O elemento básico para beleza é a harmonia? O que é considerado bonito por determinada cultura depende do tempo e espaço. Algumas tribos indígenas acham que é bonito ter lábios grandes como um pires. Pode-se falar de uma beleza moral – a experiência da beleza é nesse caso, portanto, vinculada a tempo e espaço.

Alguns veem a beleza da natureza com admiração e outros pensam em como podem tirar lucro dela. Nossos empecilhos podem fazer com que o que seja feio se torne bonito e o bonito repulsivo, aterrorizante. Se a beleza é uma mera questão de gosto, a verdade também seria? Os nossos prédios, escolas, ruas e subúrbios são bonitos, estéticos?

O senso de beleza e estética é um potencializador tão importante da qualidade de vida que deveria ser parte fundamental na nossa educação desde a infância. É uma experiência estética cantar no coro, tocar numa orquestra, atuar numa peça de teatro ou ler um livro bonito, contemplar a harmonia da natureza ou fazer um trabalho justo. Quando fazemos isso, podemos até sentir que estamos a caminho da libertação de nossos empecilhos (de nossos egoísmos) e de nossa união com o universo.

O teólogo e filosofo brasileiro Leonardo Boff (1938-) intitulou um texto seu: "A beleza salvará o mundo: Dostoievski nos ensina como". Boff escreve: "o olhar de Dostoievski rimava amor com dor compartilhada, e conseguia ver beleza na alma dos mais perversos personagens. Para ele, o contrário do belo não era feio, mas o espírito utilitarista e o uso dos outros, roubando-lhe assim a dignidade".

Antonio Candido fala sobre um processo de humanização da pessoa, que vem a confirmar a beleza no ser humano: "aqueles traços que reputamos essenciais, como o exercício da reflexão, a aquisição do saber, a boa disposição para com o próximo, o afinamento das emoções, a capacidade de penetrar nos problemas da vida, o senso da beleza, a percepção da complexidade do mundo e dos seres, o cultivo do humor".

Autodisciplina

Autodisciplina ou autocontrole é quando uma pessoa está consciente de seus impulsos emocionais como raiva ou ciúme, mas age com respeito. A enfermeira usa sua autodisciplina quando percebe a sua irritação com um paciente e age com respeito ao cuidar dele, refletindo posteriormente sobre seus sentimentos.

Um pai fica bravo com sua filha, tem o impulso de esbofeteá-la e repreendê-la. Se aceita a consciência de seu impulso agressivo e para, mesmo contra sua vontade, pode ir embora e voltar depois de algum tempo para falar com sua filha. Ao contar sobre seus próprios erros o pai educa a criança a aceitar a consciência de seus eventuais erros.

Autodisciplina é necessária quando você tem um trabalho desagradável à sua frente. Você talvez invente qualquer desculpa para adiar o assunto, até que você decida se recompor e relutantemente iniciar o trabalho. Normalmente você começa até achá-lo interessante depois de "pegar o embalo".

Quando você sente que precisa emagrecer é a autodisciplina que lhe faz comer somente dois terços do que você normalmente comeria. Depois você se acostuma a parar de comer quando está só meio satisfeito, e isto se torna um hábito.

A palavra disciplina desperta normalmente associações negativas porque é associada a regras e normas criadas pelos poderosos, e muitas vezes disciplina é um pretexto para reprimir a alegria, criatividade e o amor. Autodisciplina saudável pode ser descrita como respeito por si mesmo e pelos outros.

Talentos especiais, dons

Um dom inato forte é chamado de talento. Um talento é como um presente da natureza. Talento em matemática, musicalidade, sociabilidade, lógica, talento para aprender novas línguas, espontaneidade, agilidade e espiritualidade são exemplos de talentos.

Genialidade é um talento de percepção, compreensão e criatividade. Dizem que todos podem aprender a cantar. Será que o talento é o resultado de grande interesse e amor em relação a algo que queremos pesquisar e treinar? Albert Einstein dizia que a essência de genialidade é o suor (esforço persistente).

Quanto mais você ajuda uma pessoa a se tornar consciente de suas riquezas humanas, melhor você se sente, já que assim você aceita as suas próprias riquezas e seus talentos.

Aptidão física

Aprender a usar as mãos, caminhar, andar de bicicleta e nadar são grandes experiências de alegria para uma criança. O corpo é sua ferramenta durante, talvez, cem anos. É como o cavalo para o cavaleiro: é importante cuidar do cavalo, respeitá-lo e amá-lo.

Pode-se considerar a beleza física como uma capacidade ou um presente – ou ambos? Beleza física é como uma herança material; pode ser usada para a alegria comum e para o bem coletivo, ou para a busca de vantagens pessoais.

É importante treinar e desenvolver continuamente o físico, bem como todos os talentos psicológicos.

Nos itens anteriores foram descritas as riquezas humanas: habilidades e/ou virtudes que podem ser resumidas pela palavra amor. O amor implica a responsabilidade que é a essência da liberdade, e ser livre é ser consciente. A consciência e as riquezas humanas são tão interligadas que não são separáveis, e assim, na prática, significam a mesma coisa.

O escritor americano William Arthur Ward (1921-1994) disse: "Quando tentamos descobrir as melhores qualidades em outra pessoa, estamos nesse momento descobrindo o que nós mesmos temos de melhor". Podemos conscientemente desenvolver o hábito de observar riquezas humanas nas outras pessoas em nossas relações cotidianas, em casa, com nossos amigos e colegas, num trabalhador da caixa de um supermercado ou com pessoas que encontramos na fila de ônibus. Desse modo fortalecemos a consciência de nossas riquezas humanas.

Resumimos ainda a interligação entre os conceitos ética, liberdade, livre arbítrio e amor. Ética significa o bem, o belo e o justo na dimensão universal. O ser humano tem liberdade pelas suas escolhas e ações, que ocorrem de alguma maneira misteriosa. Uma pessoa responsável é quem cuida dos outros, que os ajuda, ou seja, age com amor. Responsabilidade significa amor. Portanto, amor significa liberdade, e o ser humano é livre no amor. Se a pessoa age com desamor, ela está negando, reduzindo sua liberdade. Amor é o sentimento básico da vida. Somente no amor aparece a verdade, portanto a consciência, a essência humana. Amor é ética.

Assim sendo, livre arbítrio não significa liberdade de escolher entre o bem ou o mal. Livre arbítrio significa liberdade somente para liberdade. Em outras palavras, nós somos livres somente para aceitar a liberdade que é amor. Se nossa escolha for negar o amor, significa que estamos negando a própria liberdade. Somos tão livres que somos condenados à liberdade, será que é por isso que renunciamos a ela com tanta facilidade?

E da negação do amor surge o mal, que tem existência somente enquanto a negação se perpetua. Se parar a negação, o mal some, perde sua existência, já que o mal não tem existência própria.

É por isso que os poderosos não querem que o povo possa sentir conscientemente indignação, coragem, amor, união e liberdade.

Para refletir:

– Quando foi a última vez que alguém se referiu às riquezas humanas da sua pessoa? O que essa pessoa falou?

– Pense sobre como uma pessoa que você admira usa as suas riquezas humanas.

– Quais as três riquezas humanas que você encontra mais facilmente em si?

– Quais as três riquezas humanas que você tem mais dificuldade de encontrar em si?

Conceituação dos empecilhos

Os empecilhos ou limitações, que a psicologia chama de neuroses ou psicopatologia, são condutas negativas em relação às riquezas humanas e à realidade. A doença psicológica tem sua origem principal no ambiente onde estamos inseridos, nos costumes e valores que a sociedade capitalista globalizada induz os povos a assimilar. Somos vítimas, mas tomar uma conduta de ser vítima é negar a própria liberdade.

Hábitos negativos de sentir

Se uma criança nasce em um ambiente de sentimentos negativos, como medo, rejeição e agressão, é compreensível que ela se acostume a sentir angústia, medo e rejeição de modo crônico, e que no decorrer do tempo comece a "inventar", na sua realidade, fatores que justifiquem seu hábito de sentir medo e ser rejeitada.

Uma pessoa pode desenvolver, sem perceber, um hábito de cultivar descontentamento, culpa ou rancor. Com base nesses sentimentos, ela tem percepções negativas da realidade, e age de acordo, criticando tudo, se "autochicoteando" e sentindo que os outros a estão rejeitando. Ela pode ser tão dependente de seu hábito que não pode desfrutar da alegria, continuando a se preocupar, a criar ameaças e catástrofes, mesmo quando vai dormir. Pode tornar-se um hábito tão arraigado que se torna uma parte de sua personalidade.

Alguém pode ter criado um hábito de fazer os problemas maiores do que são. Ele justifica para si mesmo, pensando que está se preparando para o pior para não ter que sofrer tanto se a coisa for mal. Desta forma, ele vive em sofrimento "antecipado" que talvez nunca se realize.

Os sistemas de poder, seja na família, seja na escola ou no local de trabalho, provocam sentimentos de inferioridade, medo, raiva, impotência e culpa de modo quase contínuo, e ao mesmo tempo, levam a pessoa a reagir contra o seu sentimento. Como sentir-se assim seria um sintoma de fraqueza e desequilíbrio, a pessoa tende a esconder este sentimento de outros e principalmente de si mesma. A pessoa sente algo, e reage negando sua liberdade de sentir este algo, se nega e cai no imobilismo, depressão ou na explosão, agressão. Esta é a armadilha do poder.

Atitude de censura

Censurar significa lutar contra a consciência. Suponha que eu cometa um erro e não quero que ninguém note. Eu tento escondê-lo, como se assim ele deixasse de existir. Quando eu tento esconder o meu erro, estou tentando esconder também a minha consciência a respeito dele. O objeto da censura não é tanto o erro, mas sim a consciência sobre o erro. Sabemos bem que esconder não conserta o erro cometido, ao contrário, só aumenta os problemas.

Uma pessoa que assumiu uma tarefa que se sente incapaz de executar tem sentimentos de inferioridade, mas tem medo de revelar isto ao seu coordenador ou professor. Talvez ela esteja com medo que seu coordenador vá se decepcionar. Ela quer evitar a consciência de sua incapacidade. Se ela aceitasse a consciência de sua falta de habilidade, ela falaria abertamente com seu superior sobre a sua falta de recursos ou conhecimento.

Quando uma pessoa sofre de dependência química, ela está ciente de seu problema. Mas ela pode criar explicações tão convincentes para si e para os mais próximos a ela, que faz com que todos, e inclusive ela mesma, acreditem estar tudo bem. Ela está consciente, mas faz de tudo para negar a consciência. E para continuar a negar a consciência, ela precisa de seu "santo remédio", a droga.

O objeto da censura é a consciência. Quando se diz que uma pessoa nega seu ódio significa que ela está tentando reprimir a consciência do seu ódio. Mas ela não consegue que o ódio desapareça, em vez disso, o ódio cresce e se torna crônico, e se transforma em amargura. Quando não queremos sentir a dor e não estar ciente dela, ela acaba se tornando uma dor crônica. Quando um regime autoritário quer sufocar a oposição, ele tenta impedir a consciência da existência de opiniões divergentes. A experiência mostra que a censura da consciência leva, com o decorrer do tempo, inevitavelmente à destruição desse regime; a censura sufoca a si mesma.

A atitude de censura é conectada a uma noção irracional: aquilo de que você não está ciente não existe. E vice-versa, quando você começar a tomar consciência de uma falha, ela começa a existir. Na terapia, pode acontecer que, quando o cliente em um plano mais profundo se torna consciente de suas dificuldades, acredita que seus problemas sejam causados pela própria terapia.

Faça o seguinte teste. Olhe pela janela. Escolha um objeto bastante central na paisagem, como uma janela na casa em frente. Você decide que não pode ver aquela janela, mas continua a ver a paisagem durante cinco minutos. Em breve, você vai notar que a janela que você não podia ver está no centro da sua atenção o tempo todo, e que você se sente muito desconfortável. A luta contra a consciência ativa a percepção daquilo que queremos ocultar.

Trata-se de um conflito interno: você está ciente de alguma coisa, trabalha contra a consciência dessa coisa e, ao mesmo tempo, ativa a consciência dela. Você faz exatamente o que você não quer fazer. Como a essência básica do ser humano é a consciência, ele se reprime quando tenta reprimi-la.

Quando alguém nos ofende, podemos nos tornar tão humilhados e com raiva que logo em seguida queremos negar de nós mesmos estes sentimentos, e assim até podemos ficar paralisados, sem dizer ou fazer algo. Ou talvez fiquemos tão furiosos que reagimos com uma agressão em dobro. Em ambos os casos, não desejamos tornar-nos conscientes da "maldade" do outro. Mas se aceitamos a consciência da maldade nele, olhamos para ele com curiosidade e agimos de modo equilibrado.

Um educador pode sentir medo quando tem de entrar em uma classe onde há alunos arrogantes e "zombeteiros". O educador espera ardentemente que eles não sejam assim, e, portanto, não aceita a consciência da arrogância deles. Ele tem um conflito interno: o mundo que ele quer é diferente da realidade de que ele está ciente. Há um conflito entre o desejo do educador e suas observações da realidade. Isto é sinal de certa arrogância nele mesmo em não aceitar ver a verdade.

Se o educador não tivesse censurado a consciência da arrogância dos alunos, ele iria querer conhecer o fenômeno, e ficaria curioso em pesquisar isto e planejar como lidar com deboches, talvez reagindo: "Quem fala é!".

Sentimentos associados com a atitude de censura são: ansiedade, medo, decepção, depressão, paralisia e/ou nervosismo, raiva e ódio. Métodos comuns de censura são, por exemplo:

– defender ações erradas e dar explicações desnecessárias;

– acusar e culpar, julgar e classificar o outro;

– moralizar e alimentar sentimentos de vergonha;

– ver-se como uma vítima (atitude de mártir);

– refugiar-se nas emoções (ansiedade, depressão, sedentarismo, ódio, rancor...);

– preocupar-se, remoer os problemas, sem ações práticas para melhorar a situação;

– abusar de alimentos, medicamentos, drogas etc.;

– fugir da realidade, se apegando a objetos, fantasias, trabalho, sexo, poder...;

– adoecer frequentemente: dor de cabeça, indigestão, gripes, erupções cutâneas e outras doenças psicossomáticas.

As implicações gerais da negação da consciência estão na incapacidade de lidar com o problema, num comportamento inibido ou agressivo, com estresse excessivo e prolongado (cap. 8).

Projeção é uma forma de censura em que uma pessoa transfere suas próprias intenções, sentimentos e crenças negativas para outras pessoas ou na vida em geral. A pessoa age de modo crítico e repressor com ela mesma, mas sente que são os outros que têm intenções hostis. Ela interpreta situações e as outras pessoas através do seu próprio modo de sentir rejeição. Se a projeção é contínua, ela é chamada de paranoia ou mania de perseguição.

Será que a metáfora bíblica em que Deus proibiu Adão e Eva de comer a maçã da árvore do conhecimento (conhecimento interpretado de modo mais amplo como sendo a consciência) não poderia ter o seguinte significado: o ato de provarem a maçã simbolizaria a escolha deles de negar o conhecimento, ou, em outras palavras, negar a consciência? Desta forma, o pecado original, que é a primeira escolha de negação, seria a negação da consciência? Isso significaria que todos os outros pecados ou problemas sociais (injustiças) e psíquicos ("pecados") também pressupõem, antes de tudo, a negação da consciência? Isto é coerente com a ideia de Sócrates de que os seres humanos não fazem maldade quando aceitam a consciência de sua má intenção.

Atitude de censura significa alienação da verdade e da realidade. Marx fala em quatro formas diferentes de alienação: do ser humano com relação a si mesmo, com relação aos demais, com relação ao produto do seu trabalho e com relação à natureza. Estas formas de alienação, causadas principalmente pela estrutura do poder capitalista, são interligadas e muito fortes em nós.

Megalomania e perfeccionismo

Mania de grandeza é quando uma pessoa pensa que ela sabe tudo melhor do que os outros. Ela cria expectativas e exigências ilimitadas em si e nos outros. Ela quer o poder, porque acredita que só ela pode fazer o mundo funcionar corretamente, ela se acha superior e insubstituível. Ela trabalha sem sentir suas limitações, não descansa e não reserva tempo para o ócio que seria tempo para lazer, cultivo do afeto, cuidado com a saúde, contato com a natureza. Ela sente cansaço, mas foge da consciência disto indo para o trabalho (ou para a academia de ginástica). Ela se recusa a sentir fadiga e ignora outros sintomas do corpo.

Mas pode também ser que ela não faça quase nada, mas acha que está carregando o mundo nas suas costas quando na realidade ela é sustentada pelos outros.

Ambas as características – perfeccionismo e megalomania – evidenciam a falta de limites. É por isso que para esta pessoa é tão difícil dizer "não" quando recebe tarefas além dos seus recursos. Dizer não significa aceitar a consciência dos limites dos seus recursos.

Uma pessoa sem limites pode se sentir culpada por coisas sobre as quais ela não tem nenhuma responsabilidade. Isto talvez possa ser parcialmente o caso quando uma criança pequena que ama seu pai faz de tudo para ele não beber. A criança tenta agradar o máximo possível seu pai para que ele não tenha motivos para beber, como se isto fosse da sua responsabilidade.

Ambas as atitudes, perfeccionismo e megalomania, demonstram um certo egocentrismo e narcisismo (existentes em algum grau em todos nós). A pessoa sente que está no centro das atenções, e é essencial e insubstituível, inclusive perante o universo e eternidade.

Uma pessoa perfeccionista quer que tudo seja de acordo com seu gosto e desejo. Ela se vê como (quase) perfeita, mas, ao mesmo tempo, está consciente de seus defeitos e, portanto, entra numa luta interna contra a sua consciência. Ela se estressa muito. Às vezes os companheiros dela falam: "não exija tanto de si mesma". Ela tem tendência de levar isto como mais uma exigência, o que a deixa ainda mais irritada e estressada. Ela está consciente de sua dificuldade, mas não a aceita.

O termo idealização significa embelezar, superestimar e se recusar a reconhecer as próprias falhas. A pessoa imagina que ela tem talentos que não têm. Ela coloca exigências exageradas sobre si mesma e, portanto, sobre as demais pessoas. Isso faz com que ela viva em constante frustração e estresse, porque a idealização entra em choque e conflito com a realidade, que é diferente daquilo que ela projetou. A idealização a obriga a censurar a consciência da realidade.

Ela quer que seus companheiros ao redor e o meio ambiente sejam perfeitos também, e exige perfeição de todos. A casa é perfeita, sem poeira e sem bagunça, seu traje é impecável. Ela carrega uma máscara sólida. Ela se esforça para ser alguém que não é, e assim ela se reduz, se torna "menos" do que ela realmente é.

O perfeccionismo e a megalomania causam sensações opostas nela mesma. Quando a pessoa perfeccionista sente que não é perfeita, ou que não sabe tudo, ela sente-se inferior em relação ao que exige de si mesma. Isto causa sentimentos de insegurança, inferioridade e fraqueza. Se ela não percebe a armadilha onde está, vai se esforçar ainda mais para ser mais forte e cai assim num círculo vicioso autodestrutivo.

Um estudo realizado na Universidade de Oxford mostrou que dentre as diferentes profissões era a de executivos de grandes empresas com proporcionalmente maior percentagem de psicopatas (um psicopata é uma pessoa calculista e fria que parece não ter consciência, mas é muito hábil em manipular pessoas). Na mesma revista havia também um estudo holandês que descobriu que quanto mais rico um pai é, menos tempo ele passa com seus filhos. Isto é fácil de perceber sem ter que fazer pesquisas.

Negatividade, maldade

Negatividade é uma conduta de não aceitar possibilidades de alegria ou bem-estar e sempre se concentrar em criticar e só ver os possíveis defeitos. O termo inveja tem o "in", que significa não, e "veja", ver. Portanto, a pessoa vê algo que ela não quer ver. Ela está consciente de algo bom, alegre ou bonito, mas não quer ter consciência disto e, portanto, tenta impedi-lo.

Inveja significa negar o bem e, portanto, uma atitude invertida, em que o bom se sente como mal e o mal se sente como bem. O apóstolo Paulo acreditava que o problema do ser humano é que ele não faz o bem que quer, mas o mal que não quer.

Comumente se associa a palavra inveja com o seguinte sentido: você vê algo de bom nos outros e quer ter o mesmo para si mesmo. Querer um bem não tem nada de errado, desde que não envolva uma privação injusta em relação ao outro. A inveja entendida como um empecilho é estar ciente da alegria de outra pessoa, reagir tentando destruí-la e sentir uma espécie de prazer doentio se tiver sucesso nisso.

Como afirma James Baldwin: "As pessoas somente aceitarão na vida do outro aquilo que estiverem preparadas para aceitar em suas próprias vidas".

Prazer em machucar ou destruir é um ato de maldade. Quando a maldade é muito forte, psicótica, um ser humano pode se tornar incompreensivelmente destrutivo. Por exemplo, uma pessoa que percebe a beleza de outra, acaba atacando-a, estuprando e matando-a brutalmente. Ela destrói exatamente o que mais aprecia. A vítima causa nele um toque profundo de consciência. É como se a pessoa desejada penetrasse a camada patológica de quem a deseja e provocasse a consciência da sua insegurança, ao que esta reage com fúria psicótica. O assassinato se dá porque a pessoa desejada evoca uma forte consciência contraditória na outra: por um lado, a consciência da beleza e do amor, do outro lado, da inferioridade e fraqueza de quem mata.

Qual seria a origem de maldade? Existe o querer mal em si, ou existe o querer mal para poder sentir prazer, algo de bom? O que é esse prazer no mal, será que isso também vem dos sistemas do poder que oprimem o povo? Já que o povo aprende a viver sofrendo, o sofrimento se tornou uma rotina? E a rotina é algo seguro, portanto, a felicidade verdadeira é um perigo?

Do mesmo modo que alegria e entusiasmo são contagiantes, medo e ódio também são. Num grupo em que alguém sente muito ódio e expressa isto, outros ficam provocados de várias maneiras, o clima do grupo fica tenso. Alguém levanta a voz, logo outros também. Num círculo vicioso, o ódio individual se transforma num ódio psicótico coletivo, e o grupo acaba cometendo barbaridades inimagináveis para ele mesmo numa situação normal. Napoleão, Hitler, Stalin e ditadores de modo geral, na sua conduta de megalomania e inveja, se tornaram psicopatas pelo crescimento do seu poder, usando esse processo para instigar o medo e a raiva do povo, e assim, poder organizar a nação para a violência absurda e guerra.

A inveja presente em relacionamentos íntimos é chamada de ciúme. Em seu livro, *Sócrates e a arte de viver*, J. C. Ismael descreve esse fenômeno da seguinte forma:

> A coisa mais importante é lutar contra a sua inveja (e estar ciente disso), especialmente quando o *status* intelectual, social ou econômico da outra parte é melhor do que o seu, porque a inveja é como um veneno que destrói também as relações mais fortes. É algo misterioso que sempre quer destruir relacionamentos amorosos – e que amantes sempre incansavelmente devem frustrar. Inveja faz um amante ficar com sentimento de alegria sobre a infelicidade e insatisfação do seu parceiro sobre o sucesso: um veneno inexplicável que ocorre nas profundezas da alma, por trás das costas de Deus.

O filósofo grego Demócrito (por volta de 460-370 a.C.) descreveu a felicidade como um estado em que não se lamenta sobre o que está faltando, mas se felicita com o presente. A "alegria" do ciumento é o gozo da felicidade pela ruína do outro.

Egoísmo, egocentrismo

O egocentrismo é o foco da pessoa sobre si mesmo. Ela se observa muito, se admirando ou criticando. Tem dificuldade de ver a realidade e se preocupar com os outros. Acredita que todo mundo está interessado nela e olhando para ela com admiração ou rejeição.

Todos os empecilhos implicam certo egoísmo. Na conduta voltada para si, a pessoa se distancia dos outros e, portanto, de seu ser. Ela sente que perdeu o contato consigo mesma e tenta buscar a si mesma. Esta busca pode aumentar o seu egocentrismo ou pode levá-la à libertação através da humildade e consciência de que o sentido de vida está fora de nós, em ações para o bem. Uma pessoa amorosa se dirige para fora de si, buscando oportunidades para agir para o bem comum, ela pratica o amor, o que significa que está em contato consigo mesma. Ela aceita a si mesma com suas fraquezas e, portanto, aceita os outros.

Quando o egocentrismo está num alto grau é chamado de narcisismo, como uma autoadoração. Outro aspecto disto está na conduta do psicopata que só usa pessoas para seus interesses sem piedade nenhuma.

Todos nós temos todas as riquezas humanas e todos os empecilhos. Reforçar a sanidade é reforçar a consciência das riquezas humanas na pessoa. Lidar com os problemas é ter compreensão, consciência e tolerância com os empecilhos.

Tudo que vejo no outro, de alguma maneira, existe em mim também

Como concluímos anteriormente, todos nós temos todas as riquezas humanas e todos os empecilhos ou, em outras palavras, todas as qualidades humanas e também todas as dificuldades ou falhas. Isto significa que tudo o que vejo em você como característica psicológica, existe em mim também de alguma maneira.

Isso quer dizer que as características humanas que vejo em você, tenho dentro de mim também, mas não do mesmo modo e na mesma medida, mas de alguma forma e em algum grau. Você é um espelho para mim no meu interior. Quando olho para você, percebo algo em você que toca na minha consciência, toca algo correspondente em mim.

Metáfora	Símbolo	Pensamento
Espelho interno		Tudo que vejo no outro existe também em mim de alguma maneira. Todo ser humano tem todos os aspectos humanos, cada um com o seu modo. Sua alegria desperta a consciência da alegria em mim. Ou ao contrário, sua alegria desperta a consciência da minha tristeza.

Por isso, um dos métodos mais disponíveis e simples para se conhecer é o espelho interno, também conhecido como identificação. Eu identifico algo, por exemplo, alegria e coragem em você, e logo, identifico isto em mim. A identificação pode ocorrer através da similaridade da sua conduta psíquica comigo, mas também pela característica oposta, sua alegria pode despertar consciência da minha tristeza.

Aquilo que vemos no outro e que nos toca de modo significativo causando sensação de alegria, confiança e/ou medo, raiva, é um contato importante com o nosso interior. Este "tocar" é o tocar da consciência despertada pelo outro, e diante da qual podemos reagir com aceitação e até com atração. A aceitação produz em nós uma sensação de liberdade do nosso ser. Se reagimos com negação e repressão perante a consciência despertada sentimos angústia, irritação, raiva ou um bloqueio total, branco, perda da liberdade.

Por exemplo, quando uma atitude ou comportamento de outra pessoa o irrita de modo problemático, é provável que você esteja se vendo através dela, no sentido direto ou no sentido oposto.

A conduta autoritária, dominante ou prepotente de seu companheiro o irrita demasiadamente, então você está se identificando, tendo a consciência de sua prepotência, mas num grau, modo e talvez não exatamente nesse momento, mas manifestada numa outra situação com outras pessoas. Isto você provavelmente não gosta de ver. Você sente como se esta consciência fosse um perigo e pode até interpretá-la como sua inimiga. Você reage rejeitando a percepção e assim, rejeitando a pessoa. Rejeitando uma consciência importante, você se rejeita e cai no desequilíbrio sentindo angústia, medo ou raiva.

Uma pessoa tem o costume de sempre reclamar e criticar e você fica muito descontente e irritado com ela. A conduta de negatividade dela desperta a consciência da negatividade na sua pessoa, de sua atitude de concentrar e dar poder para problemas e dificuldades. Você fica irritado porque ela revela sua própria negatividade.

A timidez de seu companheiro pode deixar você meio bloqueado. É provável que você se identifique na timidez, mas não quer ter contato com esta percepção. Você não quer perceber sua própria atitude perfeccionista, fantasiosa, egocêntrica e/ou hábito de se desvalorizar e criticar, que são características comuns na timidez. Então, você reage tentando bloquear a consciência, e a si mesmo.

A iniciativa e a coragem do outro podem provocar a consciência da sua passividade e seu medo. Nesse caso você foi despertado por ter consciência pelo oposto.

A alegria e o sucesso do outro podem revelar seu costume de rejeitar as suas possibilidades, seu hábito de remoer e exagerar dificuldades. Você se identificou pelo oposto, e não quer ter contato com esta pessoa para evitar o despertar desta consciência.

O ato de se espelhar ou se identificar não ocorre necessariamente no âmbito do comportamento externo, mas no interno, na identificação em relação às condutas internas. O comportamento do outro pode ser de gastar dinheiro à toa, e você pode ter o hábito de controlar excessivamente o dinheiro. Estes dois casos indicam uma atitude da pessoa de não usufruir a riqueza da vida de modo equilibrado.

Uma pessoa pode tentar ser sempre boazinha para esconder o seu descontentamento e negativismo. Com o comportamento mascarado, ela pode até tentar enganar a si mesma para evitar a consciência do seu desequilíbrio. Os outros podem achar que ela é realmente boazinha, mas percebem que há algo de estranho quando, por exemplo, se sente vítima e reclama que não tem tempo de cuidar dela mesma. Isto não pertence à conduta de amor e bondade. De que adianta para os outros a pessoa não se cuidar e, por isso, até ficar doente?

Pessoas próximas, como mãe, pai, filho ou pessoas que tenham poder, como professor, um colega ou namorado, despertam consciências profundas e importantes. Muitas vezes, exatamente por esse motivo, relacionamentos são muito difíceis. A identificação (o espelhamento) é a ferramenta mais prática de autoconhecimento, podendo ser usada de modo cotidiano.

Responda as próximas perguntas de maneira mais espontânea e sincera possível descrevendo aquilo que primeiro surge na sua mente:

– De quais características ou condutas você gosta especialmente em sua mãe?

– De quais características ou condutas você gosta especialmente em seu pai?

– Quais características ou condutas mais irritam você em sua mãe?

– Quais características ou condutas mais irritam você em seu pai?

– Quais são suas características positivas que os outros comentam sobre você?

– Quais são suas características/condutas mais negativas que os outros comentam sobre você?

Os menores têm tendência de imitar seus responsáveis, tanto nas condutas boas quanto nas problemáticas, e não tanto no âmbito de comportamento aparente, mas principalmente no aspecto de conduta com a vida. Por exemplo, um jovem que tem o pai que bebe demais, pode decidir e manter a sua decisão que nunca vai "beber uma gota". Mas assim mesmo ele está provavelmente assimilando as condutas psicológicas do pai e justamente nos aspectos que ele mais odeia no pai, como por exemplo, autoritarismo e impulsividade. A conduta que mais irrita você nos seus pais ou responsáveis é objeto de sua censura, como você não quer vê-la neles, tampouco quer vê-la em si mesmo, o que aumenta a tendência de imitá-los. Como se diz, a maçã não cai longe da árvore.

Os outros conhecem o nosso modo de atuação com mais objetividade do que nós mesmos. Aquilo que os outros comentam sobre você é mais interessante que os seus próprios pensamentos sobre você, exceto é claro, quando se trata de fofocas, intrigas ou vingança.

"Quando vires um homem bom, tente imitá-lo. Quando vires um homem mau, examina-te a ti mesmo" (Confúcio).

Aquilo que faço com o outro, estou fazendo comigo mesmo, no meu interior

O modo como encaro as situações de vida se baseia na minha conduta interna, principalmente no meu modo de sentir. Quando sinto alegria, percebo o mundo como alegre. Quando estou com medo e negatividade, interpreto as situações ao meu redor como perigos. Quando estou fazendo bem para o outro é sinal que estou sentindo amor e respeito. Este amor e respeito está dentro de mim, portanto, atingindo primeiro a mim mesmo.

Se alguém está debochando de você, é ele quem tem o sentimento de deboche dentro dele, atingindo principalmente ele mesmo. Crianças respondem espontaneamente quando alguém as chama de bobo dizendo que quem fala é. Dizem que as bocas falam daquilo que os corações estão cheios. Ações negativas indicam uma ação emocional e espiritual negativa.

De acordo com Sócrates, a real tragédia humana ocorre quando o ser humano estraga sua alma. Quem tenta agir negativamente com o outro acaba fazendo mais dano para si mesmo do que para o outro.

Metáfora	Símbolo	Pensamento
Vítima interna		Aquilo que faço para o outro, faço dentro de mim, comigo mesmo. O meu modo de agir revela o meu modo de sentir. Quando faço bem/mal para o outro, estou fazendo bem/mal para mim mesmo.

Lao Zi, também conhecido como Lao-tsé (filosofo chinês, nasceu entre os séculos XIV e IV a.C.), descreve isso: "A alma não tem nenhum segredo que o comportamento não revele". O comportamento revela os movimentos da alma, ou seja, as atividades psíquicas. No livro *Fenomenologia do Espírito*, Friedrich Hegel (filósofo alemão 1770-1831) escreve:

> O ser humano é totalmente dependente dos outros para poder sentir a sua existência. Portanto, se ele rebaixa a outra pessoa, ele está rebaixando a si próprio. A tentativa de se tornar superior ao outro fazendo o outro seu escravo é uma tentativa vã. Quando ele está tentando escravizar o outro, essa ação vira contra ele mesmo.

Este pensamento poderia ser resumido assim: o que faço para subjugar o outro, faço dentro de mim comigo mesmo.

Comumente se pensa "faça o bem para receber o bem, ou o que você semeia, você colhe". Nossa abordagem modifica isto: o que você faz de bem para o outro é consequência do bem que já estava sentindo e agindo dentro de você, você já "recebeu" o bem antes de manifestá-lo com o outro, portanto não precisa esperar colher algo.

Se for oportuno, proponha para o grupo refletir a partir das questões abaixo:

– Você já se sentiu feliz ou você se sente feliz ao machucar outra pessoa?

– Alguma vez você já se sentiu bravo e alegre ao mesmo tempo?

– Você considera que raiva pode estar associada ao medo? Se sim, de que modo?

– Quando o mais forte tenta ferir ou bater no mais fraco, isso é sinal de coragem ou de covardia? O que motiva a sua resposta?

– O que você sente quando um jovem toma iniciativa e ajuda um idoso?

Sou consciente, logo existo – o ser humano é a sua consciência

René Descartes (filósofo francês, 1596-1650) cunhou um ditado famoso: "Penso, logo sou". Talvez a frase dele possa ser alterada para: "Sou consciente, logo existo". Nesse contexto, pensar faz parte da consciência. O pensamento ou intelecto representa só uma esfera da consciência. Aqui entendemos que ela abrange intelecto, sentimento e dimensão espiritual (se consideramos que o espiritual existe).

Consciência na esfera de sentir é algo mais profundo do que consciência no nível intelectual. A maioria das sensações nem chega a ser tratada no nível intelectual, na dimensão de pensar. A ação de sentir transfere uma percepção para o âmbito intelectual somente quando necessário.

A consciência é o fator mais importante em nossa existência, sem ela a vida não tem sentido. A pessoa consciente de si sente que faz parte do universo. Animais e plantas, e todos os seres vivos, têm alguma forma de consciência. A planta procura a luz e a floresta transmite energias.

É normal o ser humano pensar na ética de suas ações e propósitos. Ele reflete sobre o sentido da vida e o que acontece após a morte. Ele sente e age no campo espiritual. Ele trata suas percepções e experiências em todos os planos da sua consciência, seja espiritual, seja sentir e pensar. Ele age e modifica a realidade onde está inserido.

Consciência é o contato entre a realidade interna e externa. Provavelmente todos temos, desde o nascimento, alguma forma básica de consciência, em que acumulamos nossas experiências e conhecimentos.

Quando um pai fica com raiva e bate em seu filho, ele se angustia e se arrepende depois, mesmo que não manifeste isto de maneira explícita. Quando uma mãe despreza seus filhos, isso a entristece e causa culpa, que ela tenta esconder dela mesma reprimindo assim mais a si mesma e, portanto, aos filhos. Quando um educador fica bravo com um aluno, ele pode estar com boas intenções, mas depois se envergonha pela sua raiva. Quando alguém fala mal de outra pessoa pode ser que ele esteja "curtindo" as fraquezas do outro, mas ele não sente felicidade. Quando se consegue vingar uma injustiça, pode ser que se sinta um prazer, mas, ao mesmo tempo, se sente mal com o coração endurecido. Quando o rico passa pela rua e vê crianças sem casa, ele tem que se endurecer para não fazer nada, mesmo tendo recursos. Ele aprendeu a reprimir sua consciência sobre injustiças, ele se endurece acabando por agredir seu próprio ser, muitas vezes, se distanciando da própria família.

Consciência envolve, entre outras, as seguintes características: conexão com a vida e o universo, que inclui consciência ética e estética universal – em outras palavras, um sentimento em prol da verdade, do bem e do belo, independentemente de lugar e tempo. Autoconsciência significa estar consciente de si mesmo no universo, consciente das riquezas humanas e os empecilhos em si, de sua própria história de vida; consciência do ambiente físico, da natureza; consciência sobre a nossa sociedade com suas injustiças, deturpações de amor, consequência de leis perversas.

O inconsciente ou subconsciente pode ser entendido como o resultado de uma negação crônica da consciência. A consciência não desaparece, mesmo que tentemos reprimi-la. Tentando afastá-la, a ativamos. Quando tentamos esquecer um assunto acabamos ativando-o, assim acabamos remoendo o assunto quase sem parar. A consciência, enquanto essência, engloba o conhecimento das nossas experiências e aprendizado. Podemos reagir tentado limitá-la, reprimi-la ou deixá-la mais livre.

Não é possível forçar a consciência. Se alguém exige que você tem que estar consciente de algo, você reage com resistência. Você sente exigências como uma violação contra sua liberdade incondicional de poder pensar e sentir. Liev Tolstói (escritor russo, 1828-1910) escreveu que a verdade só aparece no amor. Do mesmo modo, a consciência aparece na liberdade, no amor.

As palavras verdade, consciência, liberdade, responsabilidade e amor têm uma conexão tão íntima uma com a outra que é possível pensar que elas significam a mesma coisa sob perspectivas diferentes.

Metáfora	Símbolo	Pensamento
Bússola interna		Sou consciente, então existo. A consciência é o fator mais essencial da existência. O ser humano é a sua consciência. Sentir é como uma porta para a consciência. Reprimir o sentir implica reprimir a consciência e o próprio ser.

Pode-se discutir sobre a consciência com as perguntas:

– Qual é a primeira coisa que você sente quando escuta a palavra consciência?

– Se você ficar sabendo de uma injustiça e seu responsável nega que não tem injustiça nisso, o que você sente?

– O que você sente quando vai a uma reunião importante?

– Você executou uma tarefa de forma incorreta. Como você se sentiu se seu erro for levantado perante todos seus colegas de trabalho?

– Qual seria o sentido da sua vida se você perdesse a consciência completamente?

– O que você acha da ideia de que a consciência é livre do tempo e espaço, e portanto de alguma forma imortal?

O mal pode ser curado somente pelo bem

O mal não pode ser curado por outro mal. O amor é o sentimento básico da vida. Todo mundo sabe o que é estar de "bom humor" ou de "mau humor". O bom facilita a vida, e o mau impede e estraga o bem da vida. O mal é a negação do bem, então a maldade não é tanto querer o próprio mal, mas querer impedir o bem. O mal existe como consequência da negação do bem, não tem essência própria.

Como você reage se alguém quer lhe ofender? Você devolve na mesma moeda? Vingança gera um círculo vicioso (pingue-pongue). Quando você fica com dor de cabeça e reage com irritação consigo mesmo, isto não aumenta dor de cabeça?

Quando uma criança machuca sua mão e começa a chorar, vem o responsável correndo assoprar boas energias no local machucado, acariciar a mão, falar com amor, transmitir amor. Essa é uma reação natural com a criança, mas não agimos deste modo com adultos. Quando um companheiro de trabalho me diz que está com dor de cabeça, eu deveria agir igual ao pai com seu filho machucado, falar compassivamente com o companheiro e perguntar se posso fazer uma massagem em sua cabeça ou nos ombros. A criança acredita no espírito bom, na energia positiva.

Conosco adultos, a fé infantil desaparece em meio ao racional, material e superficial.

Com repressão e punições não se educa o jovem a agir bem, ele pode até ter medo de fazer o proibido, mas na hora que se sente forte, ele foge da casa ou ataca na sua revolta. Para educação precisamos de amor. O amor inclui prevenir e impedir atos destrutivos, e mostrar ao agressor como ele está agredindo ele próprio psicologicamente.

Metáfora	Símbolo	Pensamento
Amor	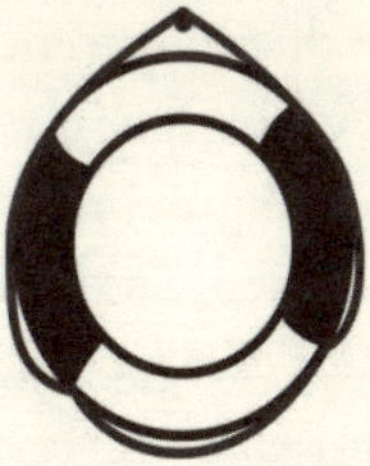	O mal pode ser curado somente com o bem. O mal não pode ser curado por outro mal. O amor é o sentimento básico da vida.

Entendemos que a pessoa masoquista tem prazer quando ela é humilhada e agredida, enquanto a sadista tem prazer em causar sofrimentos aos outros. Porém, esse prazer não vem do amor, então não significa felicidade.

O cristianismo ensina: "Faça aos outros o que gostaria que fizessem consigo". Confúcio (filósofo chinês, 551-479 a.C.) expressa isto de modo ligeiramente diferente: "Não faça aos outros o que você não quer que façam contigo".

A seguir, algumas perguntas relacionadas ao tema:

– Como você se sente quando está bravo e os seus amigos reagem com rejeição a isso?

– Você já teve um sentimento de ter recebido amor demais? Isso é possível? Descreva como.

– Se você comete um erro e fica irritado consigo, a raiva lhe ajuda a evoluir?

– Se uma pessoa fica doente e reage com medo, o medo ajuda a curar a doença? Se não, qual é o resultado do medo?

– Quando uma pessoa comete uma infração, mesmo grave, ela deve ser punida? A punição pode ajudar a pessoa se tornar mais amorosa?

Pensamentos sobre a questão espiritual

A seguir, há reflexões sobre espiritualidade que podem interessar a uma parte dos leitores. A questão espiritual é um assunto de crença de cada um a ser respeitada. Crianças consideram seres espirituais tais como elfos, anjos e duendes como algo natural. Quando elas se tornam maiores, as ensinamos que são bobagens.

O significado do termo espiritual é próximo ao termo transcendental, sendo tudo aquilo que está além dos limites conhecidos do universo em que estamos inseridos. Transcender é ir além. As religiões são várias formas de definir e descrever crenças sobre a espiritualidade, transcendência.

Quando Sócrates foi condenado à morte, ele esperou em sua cela para a sentença ser cumprida. Seus amigos tinham arranjado uma oportunidade de fuga para ele, mas quando sugeriram a ele essa possibilidade, ele respondeu que não havia nenhuma razão para fugir. Ele descreveu duas opções. Ou ele iria morrer e cair em um sono profundo a partir do qual nunca iria acordar, ou sua mente se libertaria do corpo e entraria em um novo estado, muito mais justo e feliz do que o que ele viveu na terra. Ele não tinha razão para ter medo de morrer. Sócrates ensinou as pessoas a serem amigas da morte e estarem prontas para morrer a qualquer momento.

Aristóteles ponderou sobre a origem de tudo. Sua tese era de que tudo o que existe vem da energia, que na origem deve ser energia além da física. Matéria não gera matéria. Todo material vem da energia imaterial. De onde vem toda energia? Aristóteles a descreveu como "o primeiro motor", sendo ele, na sua essência, ação pura, e a ação pura, como uma ação infinitamente intensiva na beleza, bondade e verdade, ou seja, no amor. Se essa ideia é associada com o judaísmo, cristianismo ou islamismo, nos quais o ser humano é visto como imagem do Javé, Deus e Alá, chegamos à conclusão que a essência humana é ação no amor.

Viktor Frankl descreveu as religiões como línguas diferentes que as pessoas usam para falar e se comunicar com o Superior. Não há nenhuma razão em tentar provar que uma religião ou crença é mais verdadeira do que a outra. É como afirmar que o russo é uma língua melhor do que o chinês. A espiritualidade inclui conceitos como Deus, anjos e diabo, que não podem ser compreendidos pelo intelecto. É uma questão de fé.

Quando era jovem, eu perguntei ao meu pai o que ele achava que acontece quando morremos. Sua visão era de que as nossas almas se unem com uma espécie de massa comum, formada por outras almas. Eu me lembro que me senti decepcionado com essa ideia, porque naquela época esperava que pudéssemos continuar a existir como indivíduos.

Cada cultura tem seus símbolos, seja o totem dos índios ou o crucifixo dos cristãos. Os símbolos são tentativas de descrever uma essência espiritual que não pode ser descrita. Um ramo do judaísmo nega o uso de qualquer palavra como referência a Javé.

Fiodor Dostoievski (escritor e filósofo russo, 1821-1881) escreveu que a maior vitória do demônio sobre a humanidade foi quando a humanidade negou sua existência. Ele não quis dizer, é claro, sobre o chifrudo com cauda ser a encarnação do mal, mas, sim, a energia espiritual negativa.

Qualquer crença que conduza o ser humano a esperar a solução dos seus problemas de forças superiores tem o risco de levar a pessoa à passividade e dependência, causando alienação e vitimização. Quando a crença ou religião é usada para estruturação de poder de poucos sobre muitos, estamos arriscando a entrar numa armadilha de poderes, onde os ideais se tornam menos importantes que a organização.

Em caso de acidentes ou doenças graves, as pessoas têm, por vezes, fortes experiências de vida após a morte. Quando criança, eu me envolvi no seguinte incidente:

> Eu tinha em torno de 12 anos de idade e estava lavando a roupa suja da família. Com uma mão eu toquei a máquina de lavar roupa e com a outra abri a torneira. Mas a máquina me usou como um fio terra e eu podia sentir a eletricidade passando de um lado para o outro, através de todo meu corpo. As mãos estavam como coladas nos lugares e eu não podia separar-me. Eu sabia que estava perto da morte. Uma série de belas memórias do passado correu pela minha mente, era como se estivesse vendo um filme que respirava beleza. Senti-me bem. Em seguida, o filme acabou e eu me vi em um túnel escuro. Fui em frente, sentindo a abertura brilhante que era atraente e dava sentimento de segurança. Aproximei-me da clareza. Então tudo de repente ficou escuro. Depois de um tempo, me deparei deitado todo molhado no chão do banheiro. Da torneira estava correndo água. Aparentemente, eu tinha relaxado meus músculos no momento da morte, e por isso caí no chão, puxado pelo meu próprio peso. Isso fez com que minhas mãos soltassem da máquina de lavar e da torneira. Minha irmã, que estava no quarto ao lado, disse que tinha ouvido algum tipo de uivo. Eu senti que tinha retornado à vida. Foi uma experiência bonita.

O ser humano visto como um vulcão inativo

O ser humano é como um vulcão em grande parte inativo e tampado pelos sistemas de poder. Este vulcão tem na sua base a alegria, a coragem e o amor, em outras palavras, todas as riquezas humanas. Mas desde o nascer, ele sofre uma pressão externa, aprendendo a negar seu sentir e assim aprendendo a negar a si mesmo. Ele está numa rocha formada pelos sistemas de poder, como família, escola, emprego, polícia, exército, leis, moralismo e valores do capitalismo.

O sistema de poder causa, no ser humano, sentimentos de medo, inferioridade, culpa, impotência, raiva e tristeza (lava). É conduzido desde o nascer a esconder, negar e ter medo e vergonha de seus sentimentos (tampa do vulcão).

O vulcão não precisa estourar com explosão, mas em vez disto, o ser humano pode, aceitando a consciência da tampa (repressão do sentir), abri-la gradativamente, desmontando as proibições de sentir e podendo assim começar a lidar com os próprios sentimentos de maneira consciente.

Quando ele percebe a sua total liberdade de sentir, terá uma sensação maravilhosa de libertação e fará com que se abra à luta pela liberdade, igualdade e solidariedade nos seus coletivos e na sociedade em geral.

Podemos descrever o ser humano também como um lobo mascarado em pele de cordeiro. No fundo, o ser humano é amor, mas recebeu dentro de si também uma farda de lobo (exigências pelo poder), que impede a alegria e o amor, tornando-o rígido e rancoroso. Como a maldade ou desequilíbrio de modo geral são tabus, ele veste uma pele de carneiro fingindo ser bonzinho. Deste modo, ele vive numa constante frustração, em busca de si mesmo. No íntimo, estão a alegria e o amor; acima disto, a pele do lobo e a máscara de cordeiro. A vida se torna um exercício para controlar suas emoções e consciência, ele se enrijece, podendo explodir na sua raiva quando não aguenta mais manter a máscara de bonzinho.

O conceito socialista desfaz as causas dos problemas

No cap. 1 há uma tabela (Tabela 3) que descreve a diferença entre o modo capitalista e o modo socialista de lidar com os problemas. A seguir, apresentamos a mesma tabela, mas agora colocamos nela alguns aspectos essenciais do conceito socialista de ser humano que ajudam a reforçar a afirmação de que o modo socialista realmente desfaz as causas dos problemas!

Práticas capitalistas de lidar com os problemas	Práticas socialistas de lidar com os problemas
Perante os problemas que enfrentamos, reagimos com sentimentos de angústia, descontentamento, frustração, raiva, culpa ou impotência. E ao mesmo tempo reagimos como se não devêssemos nos sentir assim, causando em nós paralisação ou agressão.	Estamos conscientes de que somos livres para sentir. Nosso modo de sentir é da nossa responsabilidade. Respeitamos incondicionalmente essa liberdade. Respeitamos o modo de sentir de cada um de nós, sendo que todo ser humano quer ser visto e respeitado no seu sentir. Não culpamos (= dar poder) os outros sobre nosso modo de sentir; culpar significa reduzir a própria liberdade e responsabilidade. Reconhecemos nosso possível estresse, respeitamos o corpo, nossa ferramenta.
A exigência de resolver problemas humanos ou sociais faz a atenção (poder) ficar concentrada no problema. Ficamos bloqueados, repressivos ou agressivos.	Compreendemos que problemas humanos e sociais não se resolvem com um toque de mágica. Desfazemos exigências de solucionar o problema para poder ter interesse em pesquisar e desfazer as suas causas. Focamos nas possibilidades e riquezas humanas. Não lutamos contra algo errado, mas a favor de algo bom, bonito e justo.
Reclamar, dar bronca, criticar.	Não criticamos ou reprimimos. Ajudamos, conscientizamos e valorizamos. Reforçamos a consciência das riquezas humanas (saúde) em todos para que a saúde cure a doença (crítica invertida).
Mandar: "Fique quieto, não faça assim. Faça deste jeito!". Tal atitude gera revolta.	Inspiramos, ajudamos, valorizamos e conscientizamos sobre as necessidades, oportunidades e recursos, inclusive as riquezas humanas.
Competição, elogios, prêmios, vantagens, notas, avaliação, classificação.	Desfazemos a meritocracia (avaliações, classificação). Valorizamos e ajudamos principalmente quem está com mais dificuldade. Valorizamos companheiros e o coletivo incondicionalmente.
Punição, humilhação, exclusão.	Prevenimos e impedimos atos destrutivos com responsabilidade coletiva.
Exigência de que todos funcionem igualmente.	Todos somos diferentes, não se pode esperar o mesmo comportamento de todos. Respeitamos a diversidade humana.
Estas rotinas de reagir vêm das estruturas de poder. Elas tornam os problemas crônicos.	Estas rotinas socialistas abrem nosso interesse para pesquisar os problemas e poder desfazer as suas causas.

Nos capítulos a seguir são descritas as ferramentas para operacionalizar as práticas socialistas de lidar com os problemas e desafios em relações humanas e cooperação.

Consequências práticas em aplicar os pensamentos básicos

Resumindo, se os pensamentos básicos (o pano de fundo) do método são estudados, discutidos e conscientizados no coletivo, haverá uma mudança significativa nas relações humanas e no desenvolvimento humano. Na sequência, os pensamentos básicos são descritos em itálico, e abaixo de cada tópico, algumas consequências importantes:

– *Igualdade implica responsabilidade coletiva*
  - igualdade implica igualdade de poder que só pode ser organizada pela democracia participativa, direta, uma pessoa com um voto. O poder sobre a decisão dos assuntos importantes não é delegado aos representantes, o que elimina a alienação;
  - as leis e princípios do funcionamento da economia e organização de trabalho são elaborados por todos, podendo definitivamente eliminar a especulação, a exploração e a submissão;
  - quanto mais responsabilidade, mais liberdade, mais consciência, mais amor entre os seres humanos e felicidade humana;
  - o povo, sentindo o poder real de influenciar o rumo da sociedade, vai se sentir responsável também pelo equilíbrio do meio ambiente, pelo modo como se usa os recursos naturais, tomando assim decisões que respeitam a natureza e garantindo a sustentabilidade da vida humana na terra;

– *Temos liberdade de sentir e pensar, e liberdade limitada de agir*
  - mesmo sofrendo de injustiças econômicas, sociais e pessoais, temos liberdade de sentir, não tendo que culpar os outros por meu modo de sentir;

- a liberdade está em mim. A sensação de liberdade significa coragem, iniciativa, alegria e amor;
- se você respeita a liberdade dos outros sentirem, ninguém pode manipular você emocionalmente;
- relações humanas e cooperação ficam mais sinceras, diretas e práticas.

– *Tudo o que vejo no outro existe também em mim, de alguma maneira*

- fomento do sentimento de igualdade entre todos. Redução drástica de racismo, machismo e outras discriminações;
- redução drástica de tensões e conflitos nas relações humanas pelo maior autoconhecimento;
- aumento do desenvolvimento humano, harmonia entre as pessoas e felicidade de modo geral.

– *Aquilo que faço para o outro, faço dentro de mim, comigo mesmo*

- com esta percepção, agredir perde a "graça". Se você debocha do outro, você está se desvalorizando. Se você usa violência contra o outro, você está violentando a si mesmo, no seu ser. Esta consciência pode eliminar completamente agressões e humilhações;
- o coletivo não dá poder à agressão, mas reage para impedir a agressão e conscientiza o agressor falando: "Você está se agredindo, desprezando a si mesmo";
- há um clima de segurança e harmonia.

– *Sou consciente, então existo. O ser humano é a sua consciência*

- a sua identificação com sua consciência e não com sua aparência, bens e poder, desperta ética em todos;
- a valorização da consciência ajuda a se libertar da alienação e dependência dos poderes malignos;
- torna-se mais fácil lidar com dificuldades e conflitos;
- o bem-estar interno do ser humano (modo de sentir e pensar) é valorizado e, portanto, a beleza (arte), o conhecimento (ciência) e convivência (amor e afeto) também.

– *O mal pode ser curado somente com o bem*

- repressão e punição, como meios de educação e liderança, perdem seu espaço;
- há mais harmonia entre as pessoas e mais coragem para a luta e amor, o que desperta o senso de justiça e ética.

Pela experiência obtida nas escolas e cooperativas, se observa o efeito da introdução dos pensamentos básicos: o clima de cooperação melhora, a união da turma aumenta, o espírito de igualdade e solidariedade fica fortalecido.

3. FERRAMENTAS DE VALORIZAÇÃO HUMANA

O MODO DE LIDAR COM o outro revela o modo como estou lidando comigo mesmo. Se estou me desvalorizando, se estou constantemente criticando, exigindo e reprimindo no meu modo de sentir e, portanto, de pensar, vou fazer o mesmo com os outros. Esta prática de repressão não é tão simples de ser revelada e conscientizada, é preciso treinar novos hábitos de lidar com o outro e consigo próprio. Hábitos que significam valorização incondicional do ser de cada um.

O filósofo existencialista Sören Kierkegaard (dinamarquês, 1813-1855) escreveu: "Se eu quero ajudar outro ser humano, eu preciso primeiro ter interesse pela dificuldade e necessidade dele, do ponto de vista dele. Se eu não tenho esse interesse, e mesmo assim tento ajudá-lo, significa que estou tentando mostrar-me melhor do que ele".

Comprometimento pela valorização

O comprometimento de todos nas atividades do coletivo, seja na família, seja na escola ou locais de trabalho é uma base ideal para cooperação e motivação. Será que os pais ou professores estão comprometidos com os jovens? Será que os jovens se sentem comprometidos com os objetivos e princípios da escola, ou o trabalhador com os interesses do empregador? Será que os cooperados se sentem verdadeiramente como responsáveis pela cooperativa?

Exemplificando, o MST declarou, no seu congresso nacional, em 2015, como seus objetivos:

– eliminar a pobreza, garantir trabalho para todos;

– garantir alimentação saudável;

– preservar a biodiversidade;

– defender povos indígenas, quilombolas, minorias...;

– defender direitos humanos: gênero, diversidade sexual, excluídos...;

– democratização profunda e ampla da vida econômica, política e social.

Se resumirmos estas frases numa só, podemos dizer que o objetivo do MST é a incondicional valorização humana, social e da natureza. Esta poderia ser a ética universal tanto nas famílias quanto nas escolas e locais de trabalho. Ela é a base ideal para criar um espírito de comprometimento.

Comprometimento ("vestir a camisa")

Significa lealdade e vontade de agir junto com os objetivos do coletivo. Ele tem sua base no sentimento de identificação com os objetivos e princípios da atividade, seja no estudo, seja no trabalho ou na luta, e no sentimento de pertença ao coletivo.

Comprometimento é parcialmente uma questão racional, mas é fundamentalmente uma questão de sentir. Uma pessoa sem comprometimento no seu sentir deixa o coletivo assim que ela calcula ter mais benefícios numa outra atividade, ou quando ela tem que enfrentar dificuldades sérias onde está. Por exemplo, se você é corintiano pelo seu sentir, você continua corintiano mesmo que o time perca dez vezes em seguida.

Nos coletivos, se reflete e se discute regularmente, e sempre quando necessário, sobre as questões:

a) Comprometimento em relação à atividade do coletivo

– Qual é seu sonho na sua vida?

– A função do coletivo faz parte do seu sonho? Se sim, de que maneira?

– Com que sentimento você normalmente vai à sua atividade?

– Qual é a significado da sua atividade para você em sua vida?

– Que novas coisas você pode aprender?

b) Comprometimento com os membros do coletivo

– Você se sente valorizado no seu coletivo?

– Há um aumento contínuo de participação direta nas decisões importantes com intuito de fomentar igualdade e solidariedade (autogestão)?

O verdadeiro comprometimento é uma questão de amor. Amor significa aceitação, gratidão, alegria e lealdade. Uma pessoa desenvolve sentimento de amor quando ela se sente valorizada.

Nosso valor está em ser humano, e em participar de um coletivo no qual possamos exercer nossas habilidades, experiências, aprendizados, virtudes ou riquezas humanas. Valorização incondicional significa valorização do ser humano apesar de suas dificuldades e fraquezas.

c) Como posso valorizar você?

Respeitar, dar atenção, ouvir, cumprimentar mesmo que você não me cumprimente ou mesmo que você deboche de mim. Incentivar, apoiar, ajudar e orientar você. Respeitar você nos seus sentimentos: na sua alegria, entusiasmo, medo, raiva ou tristeza. Reforçar a consciência das riquezas humanas na sua pessoa e no seu coletivo. Sentir a igualdade com você, me sentindo nem superior, nem inferior. Valorizar a sua participação no coletivo principalmente quando você tem mais dificuldades. E se for necessário, com respeito, impedir você de agir de forma destrutiva.

d) Você se sente valorizado na sua vida?

– Você se sentia uma pessoa valorizada na sua infância?

– Você se sente uma pessoa valorizada no seu trabalho/estudo e na sociedade?

Uma pessoa que se sente valorizada valoriza a si mesma e a todos. Ela aprende a valorizar suas riquezas e possibilidades sabendo assim realizá-las nas suas relações, no seu estudo, trabalho e luta.

Uma pessoa desvalorizada aprende a não valorizar as riquezas dela e nem as dos outros. Ela aprende a se desvalorizar e reprimir a si mesma.

Pessoas em risco: trabalhadores, mulheres, jovens, minorias... de fato, todas as pessoas, sendo que aquele que não valoriza os outros não consegue valorizar a si mesmo.

Na contramão da valorização está o nosso hábito insistente de criticar. Fala-se que há crítica construtiva, e sem dúvida há, mas na prática isto talvez ocorra uma vez em dez críticas. A crítica, assim como o elogio, se baseia numa subordinação da pessoa, pois tanto o elogio como a crítica são atos de avaliação, implicando uma relação de avaliador-avaliado. E quem de nós gosta de ser avaliado? Apontar com respeito um possível erro que a pessoa cometeu não é criticar, mas ajudar e orientar.

Vanderlei Luxemburgo, treinador de times de futebol, observou que quando o jogador está com medo de errar, a motivação dele em acertar cai. Medo de errar não só dificulta se concentrar, avaliar e coordenar sua posição, seus passos e o chute, mas faz com que a motivação para acertar caia. Ele se sabota tendo medo de errar. O mesmo fenômeno se percebe na sala de aula na hora da prova: o medo de não passar na prova causa na cabeça do estudante confusão, tensão, falta de memória e até uma pane no cérebro, que leva aos sentimentos negativos, portanto, redução da vontade de acertar. O mesmo acontece quando, por exemplo, a pessoa tem uma importante possibilidade de falar em público e por medo de crítica ela se bloqueia.

A crítica é comumente associada com desvalorização e sentida como ofensa. Somos tão sensíveis que se expresso uma opinião numa reunião e ninguém reage, ninguém mostra interesse, eu me sinto desvalorizado, ofendido. Ou quando você fez um bom trabalho e ninguém comenta, você se sente decepcionado, frustrado e desmotivado.

Sabemos por experiência própria o quão difícil é dar e receber críticas, especialmente quando se trata de um problema sério que a outra pessoa possa ter. Isso faz com que nós geralmente esperemos tempo demais antes de falar com ela. Quanto mais o tempo passa, mais irritados ficamos inclusive conosco mesmos percebendo que não estamos agindo para ajudar o outro, perdendo assim mais e mais a nossa habilidade de lidar com ele.

Você já tentou criticar seu pai, sua mãe, seu responsável, seu parceiro, seu filho? Deu resultado? Foi fácil? Se criticar ou elogiar fosse um bom método, não haveria mais problemas. O oposto de criticar é elogiar, o que no fundo também significa avaliar e, portanto, reprimir.

O desafio está em ter um método que funcione melhor que a crítica para ajudar exatamente a pessoa que está com mais dificuldades. Quem está bem até aceita críticas, mas quem está mal tem muita dificuldade de ouvir e assimilar críticas.

Motivação

Tanto na escola quanto no trabalho é óbvia a importância da motivação. Ela é um tipo de energia psicológica, como uma chama interna, que faz a pessoa se esforçar. Motivação significa vontade de agir, querer agir. É um fator fundamental para a aprendizagem, para o trabalho e para o desenvolvimento de uma pessoa ou de um grupo. Com ânimo e entusiasmo as pessoas vencem as dificuldades e lutam pelo sucesso dos seus ideais com energia e alegria contagiante.

Como, no fundo, motivar a pessoa significa tentar a influenciar o querer e a vontade dela, trata-se de um objeto de manipulação. Por exemplo, no âmbito social, a mídia tenta motivar o povo a consumir certas coisas e se submeter às estruturas injustas de poder.

O ser humano tem vários níveis de motivação ligados à procura da satisfação de suas necessidades, desejos e ideais:

- físicas, como comida, moradia, vestuário, segurança, ou simplesmente de sobrevivência biológica;
- de contato com os outros, afeto, cooperação, convivência, aceitação e reconhecimento;
- de descobrimento da realidade, da vida;
- de desenvolvimento de seus dons e interesses específicos da sua personalidade;
- de realizar seus ideais e crenças.

Nessa relação, aparecem primeiramente as necessidades mais elementares (físicas) e no final as mais elevadas (metafísicas).

Como ninguém é perfeito, todo ser humano tem vontades e anseios mais ou menos "inconscientes", contrários à realização das suas verdadeiras riquezas e possibilidades. Por exemplo, intolerância, inveja, mania de grandeza e egoísmo "motivam" a pessoa a agir contra o que seria útil e bom para ela mesma e para o coletivo.

Como ajudar uma pessoa com baixa autoestima

Autoestima significa respeitar a si mesmo. A conduta de constante autocrítica e desvalorização da sua pessoa, normalmente assimilada desde o início da vida, unida com atitude e comportamento de superioridade leva ao sintoma de baixa autoestima. A pessoa faz tudo para esconder de si mesma a consciência dos seus sentimentos de insegurança e inferioridade.

Uma pessoa que respeita a si mesma não age com superioridade. Autorespeito é também sinal de dignidade, sinal que a pessoa aceita sua liberdade e a responsabilidade por suas ações, e não se coloca como uma vítima dos outros.

Se você tiver um companheiro que sofre de timidez e insegurança, ou se ele tem medo de se expressar em coletivos, ou se isola dos outros, fale com ele de modo respeitoso e aberto com espírito de total aceitação:

– demonstre sua empatia e compreensão;

– reconheça claramente as realizações dele;

– busque ver sempre algo positivo mesmo no fracasso, leve tudo como aprendizado, mas sem ignorar possíveis problemas;

– dê tarefas nas quais ele tenha sucesso em realizar; incentive-o a fazer coisas novas e ensine-o a se permitir errar. Evite tarefas que possam exceder sua capacidade;

– conscientize-o sobre as riquezas humanas nele e as possibilidades que a vida lhe oferece, evitando criar expectativas que facilmente se tornem exigências e acabam em bloqueio;

– demonstre confiança e contagie-o com seu entusiasmo;

– leve-o a se conscientizar de seus possíveis hábitos de:

- muita auto-observação e autocrítica, excessiva autoexigência, perfeccionismo;
- subestimação das suas qualidades, uma forma de autonegação, hábitos negativos de sentir;
- hábito de concentrar atenção nas dificuldades e exagerar os problemas, deste modo evitando ver as suas riquezas e possibilidade;
- projeção (projetar nos outros a própria negatividade), achar que outros estão muito críticos ou contra ele, quando ele é quem se critica e exige;
- hábito de fugir da consciência e viver nas fantasias;

– Não o/a compare com outros (ele mesmo se compara com outros excessivamente). Nunca o rejeite como pessoa. Oriente-o/a e motive-o/a agir para o bem de vida, não só do ponto da vista dele mas do ponto da vista do coletivo, e talvez da humanidade.

Respeito pelo sentir!

Quando a criança nasce, ela precisa de amor e carinho, todos nós entendemos isto. E esta necessidade natural continua em nós adultos, sendo comum sentirmos uma profunda carência de aceitação e amor.

Ficamos com medo e raiva quando atacados, e isto é natural na situação de real perigo ou ameaça. Os sentimentos de medo e raiva acionam as atividades fisiológicas de estresse e nos tornam ágeis e fortes para lidar com o perigo (cap. 8). O problema é que usamos medo, irritação e raiva para lidar com problemas. Usamos irritação e raiva para educar a criança, o cônjuge ou o companheiro de trabalho. O nosso modo de sentir é a base dos nossos pensamentos e ações (comportamento).

Quando ocultos, os sentimentos negativos têm um poder imprevisível e destrutivo sobre nós. Todos têm alguma experiência de como numa reunião, uma pessoa agressiva pega o poder, e os demais ficam com medo de agir, com medo da raiva dela, sentindo inclusive vergonha e medo do próprio medo. A pessoa agressiva percebe a reação dos demais e usa esse bloqueio para manipular a todos.

Tentamos sufocar sentimentos quando os achamos ruins, tais como inferioridade, medo, tristeza, raiva, vergonha e impotência. Mas tal negação nos causa um bloqueio, atrofiando nossa capacidade de lidar com conflitos e desafios. Aceitar e respeitar o nosso modo de sentir possibilita a libertação das relações que desenvolvemos com pessoas que utilizam sentimentos para nos manipular.

Ficamos angustiados e ofendidos quando nos criticam; rejeitados quando nossa opinião não é ouvida; revoltados quando alguém nos obriga a fazer algo que não queremos. Colocar a culpa do que sentimos nos outros ou na vida é vitimizar-se, retirando o livre arbítrio (liberdade) de si mesmo e dando poder para o outro. Por isso, é importante conscientizar-nos sobre a total liberdade de nosso modo de sentir.

Falar de sentimentos é quase um tabu. Na tabela a seguir está uma lista de sentimentos. Coloque um X na coluna da sua escolha para perceber seu modo costumeiro de sentir.

Tabela 4 – Uma reflexão sobre o seu modo de sentir

Seu modo costumeiro de sentir	**Muito**	**Pouco**
Alegria, felicidade		
Curiosidade, interesse, abertura		
Tranquilidade, segurança		
Amor, afeto, gratidão, entusiasmo		
Serenidade, calma, autorrespeito		
Coragem, iniciativa		
Lealdade, comprometimento		
Concentração, dedicação		
Satisfação, prazer		
Euforia, paixão, obsessão		
Indignação, revolta		
Ansiedade, angústia, preocupação		
Medo, pavor, fobia		
Tristeza, solidão, depressão, sentimento de vítima		
Frustração, decepção, descontentamento, irritação		
Rejeição, inferioridade		
Pressão, exigências		
Raiva, ódio		
Arrependimento, vergonha, sentimento de culpa		
Impotência, incompetência, desesperança		
Desespero, sentimento de catástrofe, estado de choque		
Indiferença, apatia, vazio		

Como é o seu habito de sentir?

É comum, mas não natural, ter dificuldade de identificar o que estamos sentindo. Na sequência, há algumas perguntas e passos para você conhecer o seu modo comum de sentir:

– Quando criança, você costumava sentir alegria, curiosidade, entusiasmo, sensação de ser amado, ou angústia, tristeza, descontentamento, medo, vergonha, culpa, raiva, impotência, indiferença?

– Quando você se vê no espelho, quais sentimentos você percebe no seu rosto?

– Seus familiares demostraram abertamente afeto entre eles?

– Seus familiares falaram sobre os seus e os próprios sentimentos de modo aberto e respeitoso?

– Você se sentia espontâneo ao falar sobre seus sentimentos com seus pais?

– Quando você ficou primeira vez apaixonado, você correu primeiro para seus familiares para contar e perguntar sobre isto?

Normalmente, não sentimos a liberdade que temos pelo nosso próprio modo de sentir, em vez disto, nos sentimos como vítimas dos próprios sentimentos. Os hábitos de sentir se transformam numa prisão, numa dependência. Não é fácil se livrar da dependência, mas no fundo, cada um de nós tem liberdade pelo próprio sentir. Como disse uma pessoa: "Meus sentimentos de amargura e culpa são tão fortes e permanentes em mim que parece que eles pertencem à base da minha personalidade".

A repressão (censura) dos sentimentos é uma rotina que a sociedade ensina para todos nós:

– Os pais falam para os filhos, "não chore não, não fique com medo, pare com essa birra, porque tanta raiva?", e debocham quando o jovem se sente apaixonado.

– Na escola: não deve haver sentimentos de descontentamento, indiferença, irritação, raiva, paixões...

– Na competição econômica e social: não é possível sentir pena ou solidariedade pelo outro.

– Aprendemos a estudar e trabalhar para cumprir metas, ganhar boas notas, bom salário, prêmios. Somos conduzidos a nos concentrar nos resultados e assim estamos sendo desligados do verdadeiro contato com que estamos fazendo, seja trabalho, estudo, tarefas de casa, atividade de lazer. Perdemos o sentimento de alegria e amor e nos tornamos executores de exigências, "tarefeiros".

– No serviço de saúde: tenta-se eliminar os sintomas de angústia, medo, pânico, depressão e raiva com medicamentos.

– No trabalho: a conduta profissional implica não ter sentimentos, somente o racional. O ser humano é tratado como uma ferramenta ou máquina, e não como um ser, que tem vida, sentimentos, desejos etc.

– Como o trabalho é estruturado pela relação entre empregador e empregado (trabalhador), o ato de trabalhar se tornou uma ação de exploração e alienação com base na cobrança de resultados. Nas últimas três décadas esta tendência se intensificou muito se alastrando às escolas, saúde, serviço social e todos os coletivos.

Aprendemos a nos reprimir tanto em nossos sentimentos, que propomos cultivar o hábito de reservar um tempo, mesmo que seja alguns minutos ou segundos, para concentrar seu foco no seu sentir, usando os passos a seguir:

– Tome uma posição firme e confortável. Respire conscientemente umas três vezes, colocando o foco na respiração (esse é um passo que se usa na meditação também.)

– Sinta primeiramente todas as partes do seu corpo; pés, pernas, coxas, nádegas, costas, estômago, peito, mãos, braços, ombros, nuca, queixo, boca, olhos e cabeça. Se em algum lugar você sentir tensão, cansaço ou dor, isto é um sintoma útil, procure escutar e respeitar este alarme. Respeite seu corpo, ele é sua ferramenta insubstituível.

– Vire seu olhar mais para seu interior. Observe que não temos o hábito de sentir conscientemente o que estamos sentindo, ao contrário, temos resistência e medo dos nossos sentimentos, queremos controlá-los.

– Procure colocar todo o foco no seu sentir, para identificar o que está sentindo. Agora tente desligar sua atenção das causas do seu sentir, coloque toda atenção só no sentir. Tente descrever para si mesmo que está sentindo, como é sentir aquilo, use várias palavras como sinônimos ou outras para descrevê-los.

– Lembre-se de seu passado, lembre-se se na sua infância você já sentia esses sentimentos. Reconstrua a percepção com perspectiva histórica sobre o seu modo de sentir. Procure lembrar acontecimentos que provocaram seu sentir, mas não alimente a conduta de vítima pois isto reduz sua liberdade.

– Não se critique, não exija mudar algo. No seu modo de sentir você é totalmente livre. Esta liberdade é importante de ser respeitada incondicionalmente.

Focar atenção no seu sentir é uma ação oposta a remoer ou alimentar sentimentos negativos. No remoer, a pessoa sempre se culpa ou culpa a alguém por se sentir ofendida, com medo ou raiva. Culpar algo fora de si alimenta o sentimento de vítima e leva a pessoa a ficar presa no sofrimento passado. Ao contrário disto, respeitar o seu sentir significa se desligar das chamadas causas e respeitar simplesmente o que está sentindo, podendo assim, se libertar do seu modo negativo de sentir.

Uma pessoa que não sente liberdade não sente tampouco coragem genuína de participar numa atividade ou luta para uma vida justa e melhor. A liberdade mais profunda, mais bonita e contagiante está no nosso interior, na liberdade de sentir.

A tentativa de controlar os sentimentos do outro dá um poder oculto para ele e causa um desequilíbrio em você.

Como lidar com sentimentos negativos (medo, tristeza, ofensa, raiva...)

Irritação, medo ou raiva não são consideradas características de uma pessoa equilibrada, logo sentimos a necessidade de esconder estes sentimentos dos outros e de nós mesmos, o que significa que negamos a consciência do nosso sentir.

Quando se diz que uma pessoa tenta negar a sua ira, ela de fato está principalmente tentando negar a consciência da sua ira. Mas a raiva não vai desaparecer por negar a consciência dela, ao contrário, só a fará crescer. Medo, tristeza, desespero e amargura são comumente tratados com álcool ou medicamentos que entorpecem os sentimentos. Isso é suprimir o ser humano.

Bons sentimentos também são surpreendentemente proibidos. Se eu estou apaixonado por você, pode ser que eu tenha vergonha e medo de que meus sentimentos sejam revelados, como se fosse algo vergonhoso eu gostar de você. Ainda que eu tome coragem e diga que gosto de você, talvez você responda que não está interessado em mim. Aí eu reajo como se fosse humilhado, como se você tivesse me ofendido. Parece vergonhoso para mim que você não gosta de mim do jeito que eu queria. Minha vergonha nesse caso é neurótica e tem a sua origem na cultura de desprezar o significado do sentir.

No trabalho, em função da competição globalizada, devemos alcançar resultados cada vez maiores do que antes. O trabalho se tornou uma exigência com controle detalhadamente automatizado pela moderna informática. A enfermeira não tem tempo para ficar com os pacientes pois ela tem que atualizar os dados no sistema. A exigência mata a alegria de aprender, trabalhar, cantar, conversar, cozinhar e até de fazer sexo. Na exigência não estamos no ato de ação sentindo o que fazemos, estamos atrás de resultados, tentando evitar críticas, sair-se bem, ter boas notas ou sucesso individual. Estamos desconectados da realidade que é o próprio ato.

O sentimento de desesperança é na verdade um sinal de que você espera e exige mais do que você tem poder para realizar. Por exemplo, você não tem poder para mudar ou controlar o seu cônjuge, seu aluno ou seu companheiro de trabalho. Quando você para de exigir ter este poder, você se liberta da conduta de vítima e entra em contato com a sua capacidade de avaliar e agir na situação. Provavelmente, então, você vai consultar outros, pedir ideias e ajuda, e vai encontrar novas maneiras de lidar com seu desafio.

Sentimento e emoção

É comum usarmos os termos sentimento e emoção como se fossem quase sinônimos. No entanto, quando se diz que alguém é muito emocional, significa que ele facilmente sente as emoções negativas, como ansiedade, choro, mau humor, raiva ou euforia. Vamos, por ora, definir as palavras sentimento e emoção como opostas.

Sentimento (quer ser consciente)	**Emoção (não quer ser consciente)**
Amor Felicidade Gratidão Entusiasmo Curiosidade Confiança	Ansiedade, medo Indiferença, depressão Euforia, paixão cega Irritação, ódio Vergonha, culpa Arrogância, agressividade.
Estes sentimentos são sinais de aceitação da consciência sobre a realidade. A pessoa age equilibradamente, com um nível ideal de estresse.	Em uma situação de risco são necessários o medo e a raiva. Mas se a emoção não corresponder ao que a situação requer, significa que há uma rejeição da consciência por causa das exigências que está sentindo.

Sentir é estar consciente, aceitar a percepção da realidade, estar em equilíbrio. A emoção é um sintoma de rejeição da consciência, uma conduta de desequilíbrio, negando a si mesmo, que significa negar ou impedir o contato com suas riquezas humanas (= você mesmo).

Nós não respeitamos a liberdade do outro de sentir, mas queremos controlar os sentimentos dos outros, especialmente quando este alguém é importante para nós. Isto causa um sofrimento desnecessário. Se eu tentar controlar suas emoções, você tem o poder sobre mim. Você pode ameaçar com insatisfação, raiva ou mau humor. Aí eu faço todo o possível para você não ficar descontente ou magoado. Você ganhou o poder de me controlar.

Isso é manipular as emoções. Uma mãe ameaça seu filho: "se você não obedecer, mamãe fica triste". Nós já aprendemos desde pequenos a usar emoções como meio de controlar o outro. Quando você aceita o meu modo de sentir, eu sinto que você me respeita e com isso é mais fácil, para mim, respeitá-lo.

Como lidar com uma pessoa com raiva ou medo?

Algumas dicas para lidar com uma pessoa com sentimentos negativos:

– pare, sinta primeiro suas próprias emoções, sua ansiedade, medo, frustração, irritação, sensação de impotência... Aceite conscientemente seus próprios sentimentos. Lembre-se: seu sentir é da sua liberdade;

– se sua reação é de estresse, ao ponto de ficar bastante ansioso, frustrado, triste ou sentindo culpa, pergunte a si mesmo: o que a minha reação revela sobre o meu interior? Será que eu tenho expectativas irreais, exigências, ou será que a outra pessoa está revelando algo sobre mim de alguma forma (espelho interno, cap. 2)?

– raiva e medo não são proibidos. Qualquer censura a eles causa uma reação de maior medo e raiva;

– energias negativas contagiam facilmente. Pare, observe, respeite. Ganhe tempo, respire conscientemente, conte até dez, para você poder manter contato com a realidade;

– em vez de controle, procure contato. Pense no que o outro está sentindo: talvez incerteza, frustração, vergonha, raiva ou impotência. Aceite e respeite a liberdade dele sentir assim;

– olhe para ele, nele você vai provavelmente reconhecer seus próprios sentimentos – ele é o seu "espelho emocional" (cap. 2);

– fale sobre o sentir do outro, respeitando-o. Seu respeito pode levá-lo a se respeitar e, portanto, respeitar você. Pergunte a ele de uma forma respeitosa, por exemplo: "Me parece que há alguma insatisfação ou frustração em você. Será que isso é verdade?".

– em se tratando de sentimentos, não pergunte o porquê. No sentir há total liberdade, portanto não há necessidade de buscar lógica. Porquês levam a atenção para explicações e justificativas (intelectualização) quando a atenção deveria estar no modo de sentir;

– aceite a reação dele, ele pode não querer falar sobre seus sentimentos. Se ele não quiser falar, respeite isso;

– evite argumentação, não entre em defesa;

– muitas vezes, isso só é suficiente: transmitir o seu respeito e deixar ele se sentir e refletir sobre isto mais tarde, sozinho.

É comum que a pessoa não queira falar sobre seus sentimentos mesmo você perguntando com respeito. Por isso, muitas vezes é melhor, em vez de perguntar sobre o sentir de outro, você descrever sobre seu modo de sentir numa situação que seja parecida com a dele. Você pode até procurar captar o que o outro está sentindo e falar sobre aquilo como se fosse seu próprio sentimento: "Nesse tipo de situação creio que é comum sentir decepção, raiva e até impotência. Será que você tem estes tipos de sentimentos?" Sendo que todos nós temos todos os sentimentos, nunca é errado falar assim, mesmo considerando que somos diferentes no modo e grau de sentir. Assim o outro não se sente tão confrontado por você, ele pode mais tarde refletir sobre suas palavras, quando estiver sozinho.

É claro que numa situação de emergência real, por exemplo, se você está sendo atacado fisicamente ou se envolve num acidente, não é para parar e sentir medo, raiva ou apavoramento. Em vez disto, todo o foco e atenção deve estar em agir o mais rápido possível e com todas as forças que o estresse ajudou a mobilizar na mente e corpo.

Agressão significa autoagressão. Exemplificando: uma enfermeira de 30 anos conta que seu namorado é tão agressivo que ela fica totalmente paralisada. Depois ela diz: "Como eu conseguiria pelo menos uma vez na vida conseguir me defender?". Eu interpreto: "Você quer dizer: como eu, pelo menos uma vez na vida, queria realmente me defender?". Ela pensa durante um tempo e continua: "Meu namorado me disse que eu estava literalmente implorando para que ele pisasse em mim. Aí eu fiquei furiosa". "Você ficou furiosa com a consciência de que você tem o hábito de pisar em si mesma, se desvalorizar e criticar constantemente". A agressão não precisa ser física, ela ocorre, em sua maior parte, no modo da pessoa sentir. Mesmo que a situação seja essa, ninguém tem o direito de agredir outra pessoa.

Como prevenir ficar ofendido?

Uma pessoa refletiu sobre isto do seguinte modo: "Se Carlos fala mal de mim, ele está falando verdade ou inverdade. Se é verdade, por que ficar ofendido? Se não é verdade, não há motivo para ficar ofendido. É problema dele. Pela lógica tudo ficaria bem assim, mas o problema é que o sentir não segue a razão".

Usando as reflexões anteriores podemos resumir a questão de como não ficar ofendido da seguinte forma:

– primeiramente, lembrar que ficar ofendido é considerado como sinal de desequilíbrio, portanto, se cria uma exigência de não ficar ofendido. Provavelmente, também reajo de forma que é "proibido" ficar ofendido, e justamente por causa disto fico facilmente ofendido. Aceite sentir-se ofendido;

– quem é responsável pelo meu modo de sentir? Eu! O outro não tem poder de controle sobre meus sentimentos;

– lembrar: quem ataca o outro ataca primeiramente a si mesmo na sua maneira de sentir e pensar, e na sua atividade fisiológica. Quem fala é;

– se ainda continuo me sentindo ofendido, isto significa que tenho hábito de me desvalorizar, de me criticar e culpar em minha maneira de sentir e pensar;

– portanto, a outra pessoa desperta a consciência da minha autonegacão. E eu reajo tentando reprimir esta consciência, negando assim a mim mesmo (eu sou a minha consciência). Será que quero reprimir a consciência disto conscientemente? Provavelmente não, ou talvez sim?

Esta reflexão se aplica também a todos os outros sentimentos negativos, como medo, raiva, tristeza, tensão e amargura.

Resumindo, se você fica ofendido pelas palavras do outro, significa que você não aceita a consciência da possível maldade dele. Vamos fazer uma comparação: se alguém joga uma bola de tênis bem suja para você, e você está consciente disto, você não pega a bola, mas se desvia dela, e ela cai num abismo. Agora, se ele jogar a bola suja e você não tem ou não quer ter consciência da sujeira dela, você reage pegando a bola e se sujando. A bola é a palavra debochante.

Introduza o tema de sentimentos no coletivo. Todos discutem abertamente, não há certo ou errado, é bom simplesmente expressar o que se pensa e sente sobre o sentir. Não é preciso pensar da mesma forma, a intenção é que os participantes comecem a refletir mais sobre o poder dos sentimentos e sobre as relações humanas.

Seguimento das realizações

Seguimento das realizações é um método de análise e planejamento que o coordenador (educador) faz com cada coordenado (com cada estudante) individualmente ou em forma coletiva no início de cada período de planejamento, seja semanalmente, seja mensalmente ou com outra periodicidade.

O objetivo da ferramenta é prevenir a oposição que a crítica causa especialmente naqueles que mais têm dificuldades. Para ter mais compreensão, aceitação e respeito pela pessoa mais "problemática" é bom manter em mente a hipótese de que, talvez, ela seja parada porque se exige além da conta. Passividade e preguiça são comumente o resultado da pessoa (criança) se opor e revoltar às exigências e críticas recebidas desde a infância, tendo assimilado o hábito interno de exigir e se revoltar com as próprias exigências. Esta atividade interna é muito cansativa: parece que ela complica as coisas e briga com os outros, quando na verdade a briga acontece dentro dela mesma. Esse hábito forma um círculo vicioso que impede as energias de vida, iniciativa e interesse (empecilhos, cap. 2).

O objetivo é valorizar o educando, coordenado ou coletivo, e com isso lidar (cuidar) com o seu sentimento de desvalorização, que forma um empecilho contra a realização das suas atividades.

Primeiro, o coordenador (educador) reflete sobre seu próprio modo de sentir perante o coordenado (educando). Se está sentindo angústia ou irritação, é necessário usar um momento para conscientemente senti-la, procurando sentir a liberdade que há nesse modo de sentir. Respeitando o seu próprio sentimento, o coordenador (educador) respeita a si mesmo, transmitindo respeito ao coordenado (educando).

O coordenador (educador) dialoga com o coordenado (educando) levantando as questões:

– Quais foram as atribuições/objetivos/metas planejados para o período anterior (em quantidade e qualidade)?

– Quais atribuições/objetivos/metas foram realizados?

– Quais atribuições/objetivos/metas não foram realizados?

– Levantamento dos fatores que facilitaram alcançar atribuições/metas realizadas.

– Levantamento dos fatores que dificultaram ou impediram a realização. Mesmo que o coordenado (educando) traga justificativas incabíveis, o coordenador respeita e não as questiona.

– Com base nestes fatores, é feito um novo planejamento para o período seguinte com os seguintes aspectos:

- atribuições/objetivos/metas novas a serem realizadas;
- atribuições/objetivos que não foram realizados no período anterior;
- como fortalecer os fatores que facilitam a realização;
- como prevenir e lidar com os fatores que dificultam ou impediram a realização no período passado.

O coordenador (educador) não está em posição de criticar, ele tem uma postura de ouvir, saber e despertar a consciência da iniciativa e criatividade no coordenado (educando, coletivo). Ele procura delegar a solução das possíveis dificuldades e problemas para o coordenado perguntando como ele acha melhor agir na situação, fomentando a autogestão. O coordenador (educador) pode sugerir ideias, organizar melhores condições ou métodos para facilitar o trabalho e orientar como o coordenado (educando, coletivo) possa melhor realizar suas atividades.

O coordenador (educador) age com total respeito e aceitação com o coordenado (educando, coletivo). Quando este começa a confiar que o coordenador não vai criticar, desrespeitar, dar broncas ou reprimir, ele começa também a respeitar a si mesmo e consequentemente o coordenador. Bronca, classificação e repressão não educam, não motivam, ao contrário, criam medo, alienação, revolta e oposição.

A ferramenta pode ser aplicada também sobre o trabalho do coordenador (professor) invertendo os papéis no processo, de modo que o coletivo aplica o processo em relação ao coordenador (educador).

Diálogo de valorização – crítica invertida

O objetivo é reforçar a consciência das riquezas humanas em cada um, ou, em outras palavras, reforçar a "saúde" para que a saúde cure a doença (falha, fraqueza).

Diálogo de valorização ou *crítica invertida* significa despertar justamente aquela riqueza humana que ainda não foi devidamente despertada. Já que todos os seres humanos têm todas as riquezas humanas, a lógica é reconhecer e reforçar a riqueza oposta à falha que se manifesta, por exemplo, reforçando a consciência da humildade na pessoa quando o problema dela é arrogância; alegria quando ela está manifestando negatividade e tristeza, ou iniciativa quando ela está na passividade.

O processo é um diálogo entre o coordenador (educador) e coordenado (educando) ou coletivo (o processo começa parecido com o tema: Como lidar com uma pessoa com raiva ou medo?), cap. 3:

– *Primeiramente, você (coordenador, educador) se conscientiza sobre seu próprio estado emocional.* Se você está angustiado, irritado, com medo ou raiva, conscientize-se sobre suas emoções. Sentir é a sua total liberdade. Pare, use um momento para colocar o foco no seu modo de sentir nesse tipo de situação. *Reflita sobre suas possíveis atitudes:* intolerância, expectativas irrealistas, hábito de exagerar os problemas. Talvez você reaja reprimindo a consciência despertada pelo comportamento do outro (caps. 2 e 3).

– *Reconheça e respeite o sentir do outro.* Ouça-o ativamente, faça perguntas para entender melhor como ele se sente. Evite perguntar por que, isto leva normalmente para justificativas desnecessárias. Se ele está ansioso, frustrado, irritado, cansado ou ferido, vá perguntando e falando sobre isso com aceitação e respeito. Todo ser humano quer ser respeitado em seus sentimentos (caps. 2 e 3).

Reflita se você não está sentindo mais ou menos do mesmo modo que o outro, ele pode ser seu espelho no modo de sentir. Pergunte por exemplo: "O que você está sentindo?" "Fale que sentimentos essa situação desperta em você". Ou você pode falar: "Nessa situação eu posso imaginar que uma pessoa iria sentir angústia, frustração, raiva ou até impotência". E você deixa que ele reflita sobre isto, e talvez ele não o faça na hora. Demostre seu respeito pelos sentimentos e talvez reflita sobre a nossa total liberdade de sentir.

– *Reforce a consciência das riquezas humanas nele.* Como todas as pessoas possuem todas as riquezas humanas, podemos paradoxalmente reforçar a consciência do aspecto que o outro tem mais dificuldade. Se o seu companheiro de trabalho, por exemplo, costuma mentir, você pode dizer que ele desperta consciência de iniciativa, perseverança e honestidade.

Se seu educando é muito preguiçoso, você pode dizer que percebe criatividade, iniciativa e inteligência nele. Onde a escassez é maior, há mais necessidade de reforçar a consciência da respectiva riqueza sem cair no elogio ou mentira falando, por exemplo, "você é muito trabalhador".

Não é necessário se referir a algum fato externo, mas focar a atenção no aspecto interior da pessoa, nas riquezas humanas. Por exemplo, quando uma pessoa sinaliza falta de concentração no seu estudo ou tarefa, falar algo que reforce a consciência de concentração: "Você me desperta a consciência de coragem, agilidade e concentração" (crítica invertida). As palavras coragem e agilidade são secundárias, o foco está na concentração que precisa ser mais despertada no ser dela. Repita isso de maneiras diferentes em várias ocasiões.

O reconhecimento de boas ações é uma prática válida especialmente se ela está ligada com aceitação de possíveis erros e falhas. Normalmente isto é suficiente, não sendo necessário chegar à próxima etapa do processo.

– Se considerar oportuno, explique *como ele não percebe*, não dá valor ou se opõe às *riquezas humanas nele e em seus conhecimentos,* lembrando o princípio: o que a pessoa faz para os outros, ela faz a si mesma no seu interior. Uma forma comum de rejeitar a própria riqueza é o hábito de alimentar sentimentos de inferioridade, preocupação, medo, raiva, culpa, impotência ou inveja.

Não espere que a pessoa vá aceitar o que você diz. Diga o que você vai dizer abertamente e respeitosamente. Não está em seu poder ou na sua responsabilidade controlar a reação dele.

É preciso muita humildade para aceitar a consciência de suas próprias fraquezas e atitudes negativas, especialmente frente a muitas pessoas. Na maioria das vezes, nós pensamos muito mais no assunto depois, sozinhos. À noite na cama, quando pensamos no que recusamos a refletir durante o dia, e também durante o sono, lidamos com a consciência da qual nos recusamos a lidar acordados.

Um professor contou numa reunião de formação que tinha aplicado o método de diálogo de valorização com o aluno mais complicado da escola, de 16 anos, que se comportava de forma muito agressiva. Os outros tinham medo dele e evitavam entrar em qualquer conflito. O professor organizou três curtos encontros com ele, com o objetivo de falar sobre a criatividade, iniciativa, coragem e respeito nele.

No terceiro encontro o aluno reagiu chorando, falando sobre sua tristeza, incerteza e revolta, mas também de amor e gratidão. Ele disse que agora sentia que alguém o tinha tratado como um ser humano e não somente como um problema. A agressividade dele era uma forma, ainda que negativa, de tentar lidar com a consciência do seu medo e decepção sobre a vida. O professor contou que isto mudou radicalmente o comportamento do aluno mesmo não tendo tido isto como foco.

O objetivo do diálogo de valorização é a conscientização das riquezas humanas, e não a correção do comportamento. As pessoas mais inseguras, quietas ou agressivas precisam de mais reforço; as pessoas com mais facilidade na vida precisam de menos reforço. A finalidade é sempre a valorização incondicional humana e social.

Riscos de elogiar

Com elogios desejamos geralmente incentivar o outro e aumentar a sua autoestima. Mas elogiar é um tipo de avaliação sobre o ser do outro, por isso pergunto: quem tem direito a isto? Elogiar significa correr certos riscos:

– elogios levam a comparações. Quem recebe mais elogios é o melhor. Aqueles que não recebem elogios se sentem piores. Desta forma, o elogio nutre a competição em vez de cooperação e solidariedade;

– se uma pessoa é frequentemente elogiada por suas características e sua beleza, isto pode levá-la a sentir uma necessidade de ser ainda melhor, e causar uma pressão contínua para maior desempenho, podendo levar ao estresse doentio. Competir e alcançar sucesso pode virar o foco principal;

– elogiar os resultados coloca o foco neles, e a ação de estudar ou trabalhar se torna secundária. A pessoa se concentra nos resultados e se aliena do próprio ato. Por isso, estudar para ter nota boa ou passar de ano reduz a alegria de descobrir o mundo e adquirir conhecimentos;

– uma forte necessidade de ser elogiado pode surgir a partir de uma necessidade de ser aceito como forma de obter confirmação de sua existência no mundo. O elogio fortalece a sensação momentânea de existir. Ele funciona como um copo de cachaça, a pessoa se sente mais livre e importante, e isto pode se tornar um vício. Uma pessoa colocou o assunto desta forma: "Quando eu vou bem em uma disciplina escolar, recebo elogios; sem eles eu não teria sido nada. Quando não me falavam que eu era bom, eu sentia que era ruim. E ser ruim significa ser sem valor";

– quem elogia se dá o direito de avaliar outro ser humano, o que pode ser humilhante para a pessoa a ser elogiada. Ela pode sentir: "quem é ele para me elogiar e avaliar?";

– às vezes, se faz elogios de modo superficial, generalizado e exagerado, assim o elogio não é justo nem correto. A pessoa elogiada pode sentir isto como uma tentativa de agradar para, depois, poder manipular;

– elogiar a pessoa nutre megalomania, perfeccionismo e egocentrismo. Um velho provérbio diz que "elogiar a si próprio cheira mal". Pode-se imaginar que isto também se aplique para o elogio aos outros?

Qual é o foco que damos em reconhecer as boas ações dizendo que é legal, que foi bem feito? O foco está na própria ação ou no resultado? O que é mais importante: o ato de estudar e trabalhar ou os resultados?

Importante mencionar que esta reflexão não tem intuito de querer proibir o elogiar, mas alertar para possíveis riscos dessa prática.

Diálogo de desenvolvimento

O objetivo é o coordenador (professor) ouvir e conhecer a situação do trabalho do coordenado (educando) fazendo as perguntas seguintes, umas duas vezes por ano ou sempre que uma das partes achar necessário. O objetivo é simplesmente ouvir e saber, não se faz crítica ou cobrança, é para sentir e ouvir.

A condição e a situação de trabalho

– Você consegue organizar o seu trabalho de um jeito bom? Se não, o que impede?

– Sua carga de trabalho é razoável?

– Como você usa o seu tempo? O que leva a maior parte do seu tempo?

– No que você precisa de mais apoio?

– Como funciona o relacionamento e a cooperação com os outros?

– Você está recebendo estímulo suficiente? Se não, o que você sugere?

– O seu ambiente de trabalho é propício para realização das suas funções?

– A igualdade e justiça social estão sendo aplicadas no seu coletivo?

– Você acha importante participar na luta pela igualdade e justiça social?

– Sua coordenação (educadores) incentiva você a participar nessa luta?

O seu desenvolvimento pessoal

– Como está a sua motivação e alegria no estudo ou trabalho?

– Você sente insegurança, medo, descontentamento, frustração, revolta, culpa, impotência ou outros sentimentos negativos?

– Você sente alguns sintomas de estresse no seu corpo (tensão, cansaço, dor) ou tem dificuldade de pegar no sono?

– Você se sente pressionado, com muitas exigências? Você sente impotência?

– Você tem compreensão dos empecilhos que existem em todos nós, como: hábito de sentir preocupação, tristeza, frustração ou raiva; atitude de censurar a consciência; perfeccionismo, autoritarismo; negatividade, inveja?

– Você tem consciência das riquezas humanas em você, como: coragem, alegria, criatividade, autodisciplina, concentração, amor, honestidade, humildade?

– Você se sente valorizado? Se não, o que você sugere para poder se sentir mais valorizado?

Quais comentários e sugestões você quer expressar sobre seu coletivo? (Responder com descrição aberta).

O coordenador (educador) reflete e dialoga sobre as respostas tentando conhecer melhor o coordenado (estudante), e descobrir junto com ele novas maneiras para facilitar o trabalho (estudo) para ele. Isto é uma demonstração de respeito e valorização.

Mudança de hábitos pela conscientização do bem

Quando uma pessoa quer mudar e se tornar mais ativa e responsável, comer menos, parar de beber e usar drogas, ela transforma este desejo facilmente numa exigência. Ela se critica e culpa, se "chicoteia" caso fracasse e, assim, alimenta o próprio vício que funciona como seu remédio. Ela se reprime e precisa mais do seu remédio para aguentar a autorrepressão, e é claro que a sociedade e pessoas próximas também fazem a sua parte na repressão.

Reprimir é exigir, e isto causa bloqueio. Não adianta concentrar nos aspectos negativos do hábito atual, alcoolismo, tabagismo ou mania de remoer. Não adianta criticar o alcoólatra, pois isso causa nele mais necessidade de beber. Não adianta nem tentar conscientizar sobre os males do álcool porque os motivos da pessoa para beber são maiores que os males que o vício traz. Na tentativa de mudar hábitos, focar a reflexão em evitar os males muitas vezes só aumenta a repressão e a necessidade de ficar no vício.

O primeiro passo seria reduzir o objetivo e planejar novos hábitos, por exemplo, em vez de exigir reduzir o peso em dez quilos, simplesmente criar um hábito de comer dois terços de um prato normal mastigando bem devagar e degustando a comida conscientemente. Desta forma, o objetivo não fica tão grande, mas algo tangível e mais "leve".

O processo pode ser efetuado pela própria pessoa ou com a ajuda de alguém ou do coletivo, com os seguintes passos:

1º Transforme o problema/desafio em um objetivo/estado desejado. Lembre-se que o ser humano sempre está buscando algo de bom no seu comportamento e nos seus hábitos de ação, do ponto de vista dele. Vamos tomar como exemplo o objetivo de emagrecer cinco quilos em três meses.

2º Conscientize-se sobre o seu modo de sentir em relação ao problema/desafio. O sentimento de alegria, amor, angústia, medo, tristeza ou raiva é a base do agir. Para poder lidar com o desafio é necessário respeitar os seus sentimentos, mesmo que eles sejam irracionais, e não causados pela situação.

3º *Descreva o problema transformando-o em uma lista de hábitos atuais de ação.* Com seus hábitos, você tem um objetivo de conseguir algo de bom, prazer ou vantagens. Faça uma lista detalhada sobre isto. Esta lista mostra sua verdadeira motivação no hábito.

4º *Descreva o objetivo transformando-o em hábitos ideais de ação.* Crie uma lista de vantagens, prazer, alegria e benefícios que este novo hábito ideal possa trazer. Por exemplo, servir só dois terços do tamanho normal no seu prato e mastigar devagar para o cérebro ter tempo de receber informação que o estômago está cheio, pois o cérebro recebe esta informação com certo atraso.

5º *Compare os benefícios, alegria e vantagens dos hábitos de ação atual com os da ação ideal.* Se escolher a mudança, continue o processo para a etapa 6, senão, pare aqui e escolha um outro modo de lidar com o desafio, talvez conscientemente aceitando o problema, nem tentando mudar algo.

6º *Prepare um plano prático para treinar os hábitos ideais de ação.* Faça um acompanhamento mas sem se criticar, permitindo-se falhar. Se necessário comece o processo novamente.

Motivar através de consequências negativas não tem bom resultado. Um fumante sabe muito bem que a nicotina faz mal à saúde. No entanto, ainda é difícil para ele motivar-se para mudar o seu hábito. Por isso ele deve pensar sobre a alegria, o prazer, e em todas as coisas boas que fumar significa e comparar este bom com o bem que se seguiria se ele parasse de fumar.

4. FERRAMENTAS PARA VALORIZAÇÃO COLETIVA

Este capítulo apresenta as principais ferramentas para criar um espírito de valorização social, reforçar a conscientização das riquezas e oportunidades que há no coletivo, fortalecendo, assim, a união e a alegria de trabalhar, cooperar e conviver.

Organização do coletivo para responsabilidade coletiva

No MST, os coletivos têm a seguinte característica: todos os membros participam tanto da democracia ascendente quanto da democracia descendente. A democracia ascendente significa participar diretamente na tomada de decisões e no planejamento do coletivo, tendo como lema "todos nucleados" e isto significa democracia participativa direta. A democracia descendente significa subordinar-se às decisões coletivas, e este é o aspecto da democracia representativa e tem por lema "todos trabalhando", fazendo referência à estrutura organizativa em setores, postos de trabalho etc.

O coletivo pode ter vários planos de participação dependendo do tamanho dele. O órgão máximo se chama assembleia, uma reunião de todos. A unidade básica de espaço democrático é o Núcleo de Base (NB). Todos pertencem a um NB que é formado por mais ou menos dez pessoas ou dez famílias. A discussão sobre os assuntos a serem decididos acontece primeiramente nos NBs nos quais todos têm possibilidade de se expressar e influenciar nas decisões.

A organicidade significa formar um organograma definindo as responsabilidades e fluxo de informações. Cada um tem suas atribuições definidas. As atividades e as regras (disciplina) são definidas e esclarecidas.

Numa escola, é importante discutir a participação dos educandos na condução e realização das atividades na sala de aula e nos espaços gerais da escola, procurando ampliar a participação deles, criando um sentimento de igualdade e solidariedade e, portanto, responsabilidade coletiva. Isto significa o contínuo fomento da autogestão nunca chegando a ser um processo concluído, mas em permanente desenvolvimento.

No coletivo, é fundamental que todos saibam os objetivos, o significado e os princípios da cooperação e das relações humanas. Por isso, é fundamental discutir profundamente porque estudamos ou trabalhamos, para despertar conscientização dos nossos objetivos para além do nosso próprio bem-estar, e de como nossa atividade está ligada com o sentido da vida e dos nossos sonhos. Por que estudar filosofia, arte, matemática, português, línguas estrangeiras, ecologia, história, trabalhos manuais, esporte etc.? Também é importante que no coletivo todas as pessoas se sintam livres e à vontade para questionar e criticar as suas atividades e tarefas, de modo a descobrir e desenvolver possíveis novas alternativas de ação. Isto é fomentar a motivação e a cooperação. Vale lembrar que no cap. 3 descrevemos uma forma de discutir com cooperados ou educandos sobre o sonho de cada um, e como esse sonho pode ter ligação com sua atividade.

Não é suficiente apenas horizontalizar o poder com a participação de todos. Para que as relações humanas e a cooperação possam se desenvolver numa base diferente do capitalismo (competição, exigências e repressão), precisamos de um conceito socialista do ser humano (ver cap. 2) e de ferramentas de valorização humana (ver cap. 3). No início de cada período escolar ou do período de planejamento da cooperativa, ou sempre que necessário, é feito um processo de inserção dos membros quanto aos objetivos, princípios e espaços do coletivo nesses moldes.

Nosso desafio é passar a agir de forma oposta ao que temos aprendido desde que nascemos, tanto na nossa maneira de sentir quanto no modo de pensar e, portanto, agir.

Nos coletivos, seja escolas, seja cooperativas há um discurso de democracia. Porém, em muitos casos a prática se torna outra. Isto cria frustração e tensão nos membros, o que leva a uma dificuldade de coordenação ou liderança (veja cap. 2).

Cada coordenador e/ou educador poderá refletir sobre o seu modo de liderança, perguntando-se: concentro em minhas mãos as ações de planejar, decidir, mandar, controlar, premiar e punir? Tais características evidenciam um modo de liderança autoritário e personalista. Se for assim, provavelmente a pessoa não terá interesse em se conscientizar sobre isto e, portanto, o coletivo deverá aprender a lidar com ela de modo diferente do usual (veja o cap. 4, a seguir).

Por sua vez, se a liderança tem como característica coordenar significando comunicar, ajudar, incentivar, valorizar e servir, essa liderança tem o estilo de igualdade e solidariedade, pois fomenta a autogestão e o protagonismo de todos.

Para criar um espírito de cooperação pode-se praticar os seguintes princípios:

- o coletivo treina respeitar o sentir do outro;
- o coletivo treina o hábito de reforçar a consciência sobre as riquezas humanas (não elogiar);
- lembrar que o "pior" precisa de mais reforço (amor), e o "melhor", menos;
- concentrar poder na sanidade, não em problemas;
- em vez de criticar e exigir, buscar inspirar, estimular;
- criar um ambiente de igualdade e solidariedade, desenvolver o espírito de democracia direta;

– evitar competição, avaliação, crítica, comparações;

– poder para valorizar ou reprimir?

Querer usar todos os meios para fazer o bem para outros é um ato de amor e revela uma ação compartilhada, numa relação horizontal, entre os membros de um grupo, entre amigos, na família etc. Isto é ter poder para valorizar. Porém, almejar ter poder sobre as demais pessoas, numa relação vertical, é um sintoma de desequilíbrio (autoritário, manipulador, personalista). Isto é poder para reprimir.

Todos nós nascemos e crescemos dentro de estruturas de poder, seja a família, escola, emprego, seja a sociedade. O sistema de poder por si só significa submissão, portanto, nós crescemos num espírito de medo de repressão. Isto é o normal, e significa adestração ou, em outras palavras, alienação e repressão de consciência. Nós não crescemos num processo aberto de conscientização.

Precisamos de autodisciplina para cuidar de nós mesmos quando temos um impulso destrutivo. Precisamos de disciplina coletiva para que ninguém possa praticar atos de agressão. Quando a disciplina é baseada na igualdade e solidariedade, ela significa amor.

Normalmente poder significa simplesmente poder para exigir, controlar, cobrar, criticar e punir, ou elogiar e premiar. Consequentemente, criam-se relações de submissão, que são contrárias à igualdade.

Aprendemos com Sócrates (cap. 2) que aquilo que fazemos ao outro estamos fazendo dentro de nós mesmos. Portanto, o poderoso reprime a si mesmo e consequentemente aos outros. A pessoa "poderosa", reprimindo a si mesmo, se sente inferior. O sentimento de inferioridade causa nela a necessidade de "levantar" a si mesma. Ela tenta se sentir superior. Ela procura mostrar que é segura e forte. Ela pode se comportar de modo arrogante e autossuficiente. Esta maneira de conceber o poder cria uma falsa sensação de existência. Possivelmente, essa necessidade surge da falta de amor desde a infância.

Reforçando: o comportamento de superioridade é um sinal de inferioridade que a pessoa está sentindo. Portanto, não adianta criticá-la sobre a autossuficiência, em vez disso, deve-se levá-la a perceber e aceitar o seu sentir inferioridade, para que ela possa entrar em contato consigo mesma. Assim, ela poderá libertar-se gradativamente do hábito de se reprimir e de reprimir os outros (cap. 3).

Na sociedade contemporânea, se fala mais e mais sobre igualdade e participação, o que é um fato muito importante e positivo. Mas ainda é preciso que esse discurso amadureça, de modo que a igualdade se materialize, se torne uma realidade social.

Comenta-se que as tensões, como o antagonismo na relação entre coordenadores e coordenados nas cooperativas, ou na relação entre educadores e educandos nas escolas, têm aumentado. O coordenador ou o educador sente que não tem poder real, que não é respeitado e que as dificuldades de cobrar e manter a disciplina vêm aumentando a cada ano. No sistema capitalista é mais fácil praticar a exclusão de uma pessoa difícil, mas nas escolas e cooperativas isto é muito mais complicado e, inclusive, contrário aos princípios de inclusão.

Nas cooperativas sempre há algum grau de antagonismo entre coordenadores e coordenados, como também nas escolas entre educador e educandos.

Em todo coletivo há pessoas que tem maior iniciativa, que tomam o poder para "o barco não afundar". Estas se tornam coordenadoras.

Elas têm tendência de achar que estão carregando os coordenados (educandos) nas suas costas, e ficam descontentes e desmotivadas.

Enquanto os coordenadores realizam trabalhos/atividades mais variadas, os coordenados (educandos) sentem que fazem um trabalho monótono.

Os coordenadores e coordenados se dependem mutuamente.

Tanto coordenadores (educadores) quanto coordenados (educandos) compartilham do mesmo sentimento, formando um espelho mútuo sobre o modo como cada um sente quando há problemas ou conflitos: ambos se sentem descontentes, desrespeitados, injustiçados e revoltados. O mesmo fenômeno ocorre entre pais e filhos, responsáveis e tutelados.

Concomitantemente, nenhuma das partes quer ter essa percepção, sendo que sentimentos são censurados. Isto causa um aumento de tensões psicológicas e provoca conflitos ainda maiores que, em certos casos, vão além da conta. Na concepção socialista, o coordenador não precisa controlar e reprimir, o coordenador é um tipo de facilitador que desperta a consciência das riquezas humanas e possibilidades de realização. Consequentemente, quem é coordenado aprende a respeitar a si mesmo e assim respeita o coletivo. Quando o coordenador muda o seu modo de lidar com o coordenado, ele também acaba mudando o seu modo de lidar com os outros e com o próprio trabalho.

Há uma necessidade, cada vez maior, de desenvolver práticas de respeito e valorização nas relações de coordenador (professor) e coordenado (educando). Igualdade que deve ser transformada do discurso para a prática cotidiana.

Como lidar com desafios em coletivo pelo fortalecimento da maioria

Se há problemas sérios de cooperação, de relacionamentos ou de convivência no coletivo, há a necessidade de fortalecer a posição e iniciativa da maioria visando o bem da coletividade como um todo. Primeiro, o objetivo é transferir o foco da atenção dos problemas ou dos indivíduos "problemáticos" para os hábitos de ação do coletivo perante o problema. Segundo, o objetivo é que o coletivo crie um novo modo ideal de lidar com o desafio.

Quando a maioria do coletivo vem cultivando há um bom tempo descontentamento com alguém ou com uma minoria, é importante transferir o foco sobre o problema para os hábitos de ação da maioria, em outras palavras, os hábitos da maioria de lidar com o problema. Criticar os envolvidos não adianta.

Por exemplo: se alguém agir de modo autoritário e personalista tentando sempre se aproveitar dos outros e se achando mais importante que outros, como o restante da coletividade reage? Normalmente sente-se paralisada, de mãos amarradas, e não faz nada, como se o problema não tivesse a ver com ela. Em alguns casos, o restante da coletividade vira as costas para o problema, finge que nada ocorre, mas fala mal pelas costas, ou transfere a solução do problema para o coordenador, o professor, o diretor etc.

Por que a maioria da coletividade reage assim, ficando paralisada? Tenta evitar cair no conflito ou briga com aquela pessoa, talvez porque ela tem muito poder social e pode ser fisicamente agressiva. Talvez sinta o peso da exigência de resolver o problema, o que faz com que se torne bloqueada nas suas capacidades. Mesmo assim, nessa inação, elas procuram algo de bom nesse modo de agir.

Provavelmente, a maioria das pessoas se sinta insegura, com medo, injustiçada, frustrada, revoltada e com raiva, e reage reprimindo seu próprio sentir. As pessoas se paralisam ou podem, às vezes, no decorrer de tempo, explodir num ataque de raiva.

Quando o coletivo não reage de modo solidário é sinal que o próprio coletivo não consegue respeitar a si mesmo.

Se procurarmos refletir o que se passa com a pessoa autoritária, perceberemos que, provavelmente, ela também se sente insegura, injustiçada, frustrada e, inclusive, até com raiva. Ela também reage reprimindo o seu próprio sentir, e assim o seu próprio ser, caindo no desequilíbrio de usar força e até agressão.

Ambas as partes possuem os mesmos sentimentos e agem como um espelho interno entre si. E como ambas as partes têm muita resistência de se enxergar nisso, o conflito tende a aumentar, como num círculo vicioso.

Para lidar com essa situação, o coletivo pode trabalhar os seguintes passos que seguem a mesma lógica do processo "Mudança de hábitos de ação" (cap. 3). O texto entre parêntesis descreve a aplicação do método no exemplo acima, de como lidar com a pessoa autoritária.

– *Definição do desafio: definir o problema que será transformado em desafio, para um estado desejado.* (No caso da pessoa autoritária, o desafio pode ser como lidar com autoritarismo. O processo deve ser impessoal, não mencionando ninguém, mas em vez disto focar no fenômeno, em como lidar com o autoritarismo).

– *Conscientização sobre os sentimentos: o sentimento (alegria, amor, angústia, medo, tristeza, raiva) é a base das reações e do comportamento. Para poder lidar com o desafio é necessário respeitar os sentimentos em todos, mesmo que eles sejam irracionais e sintomas de desequilíbrio. Reflita também sobre os pensamentos básicos do método, as riquezas humanas e empecilhos* (cap. 2), *e como lidar com sentimentos negativos* (cap. 3). (O coletivo reflete, especialmente, como se sente numa situação de conflito, evidenciando que o modo de sentir o conflito é muito parecido, em ambos os lados. Assim, procurando respeitar o próprio modo de sentir se abre a capacidade de compreensão e respeito pelo sentir da pessoa autoritária).

– *Descrição da ação normal e as vantagens dela: descreva o problema transformando-o em uma lista de hábitos normais de ação das pessoas envolvidas. De que maneira as pessoas envolvidas normalmente agem perante o problema/desafio? Discuta e conscientize sobre as vantagens, benefícios, alegria e/ou prazer que as pessoas estão procurando alcançar com o seu comportamento atual. Lembrar que o ser humano procura sempre aquilo que lhe parece bem, mas às vezes o bem se transforma em algo de mal por causa dos empecilhos.* (Descrever a ação da maioria, que é de várias formas inação. Discutir e revelar quais são as vantagens da inação perante a pessoa autoritária).

– *Definição da ação ideal e as vantagens dela: descreva o estado desejado transformando-o em hábitos ideais de ação das pessoas envolvidas. Como as pessoas poderiam agir para alcançar o estado desejado. O estado desejado é agora descrito pelos hábitos ideais de ação. Discuta e conscientize os benefícios, alegria e/ou prazer que as pessoas poderiam alcançar com os hábitos da ação ideal.* (O hábito ideal da ação da maioria em relação à pessoa autoritária poderia ser: planejar uma maneira da maioria manifestar a sua posição nas situações de decisão, sem entrar em confronto com a pessoa autoritária, agindo com uma articulação planejada/preparada. Tentar mudá-la causa frustração e tensão nos dois lados. Em vez disto, a maioria direciona a atenção às providências práticas. Para lidar com a pessoa autoritária no plano pessoal, pode-se escolher alguém para aplicar o "Diálogo de valorização", cap. 3, manifestando interesse e respeito pelo sentir da pessoa autoritária, conversando sobre os sentimentos de frustração e impotência, e depois reforçando a consciência das riquezas humanas nela. Talvez, no final, falar como ela se exige além de sua capacidade, causando estresse e até sensação de impotência).

– *Comparação e escolha*: compare as vantagens, benefícios, alegria e/ou prazer do modo normal de agir e o modo ideal de agir. (Com base nisto, escolha entre o modo normal ou ideal de ação. Se escolher o modo ideal, continue para o próximo passo, senão pare aqui e avalie a situação novamente).

– *Treinamento da ação ideal*: prepare, junto com todos os envolvidos, um plano prático para todos, ou a maioria, treinarem os hábitos ideais de ação. Avalie os resultados e se necessário, corrija o processo. *(O coletivo pode fazer um treinamento tipo teatro para praticar os hábitos ideais, imitando as situações comuns de autoritarismo e personalismo, e depois reagir com novos hábitos, lembrando de manter a discussão no plano de fenômeno,* não apontando pessoas*)*.

Este processo transfere o poder das pessoas mais "problemáticas" para a maioria do coletivo. Por exemplo, num primeiro momento não se espera que pessoa autoritária ou agressiva mude seu comportamento, mas o coletivo aprende a lidar com ela de modo diferente. A longo prazo, pela prática coletiva da solidariedade, ela poderá ir se tornando mais consciente das riquezas humanas nela e aceitar refletir sobre os próprios empecilhos, mudando sua conduta.

Na sala de aula alguém perturba a paz de concentração

Pode-se resumir, ainda, o método com o seguinte exemplo: na sala de aula há alguém que não para e perturba a paz de concentração. Normalmente, a maioria espera com frustração que o professor resolva o problema. Ele, por sua vez, sente frustração e impotência. Os dois lados sentem a mesma coisa e, provavelmente assim sente também o educando bagunceiro.

Revelando e respeitando o modo de sentir em cada lado, se libertam as habilidades de percepção, avaliação, criatividade, iniciativa e solidariedade. Daí em diante, talvez a maioria decida reagir levantando o braço ou ficando em pé e pedindo em coro "queremos paz de concentração", sem entrar em conflito com o bagunceiro e sem criticar ou reprimir, mas respeitando o desejo da maioria solidariamente.

O aluno bagunceiro precisa provavelmente também de "Diálogo de valorização", cap. 3.

Valorização e conscientização em coletivo

Numa situação coletiva, as pessoas estão especialmente com medo de crítica. Justamente as pessoas que mais precisam de ajuda se sentem muito estressadas e se armam com defesas, por isso, a conscientização em coletivo pode ser planejada com passos de valorização:

Mística do sentimento

O objetivo é conscientizar os sentimentos que o coletivo tem no momento, discutindo e falando sobre o próprio sentir de modo organizado ou livre, talvez usando um pequeno teatro, simbologia, música, arte, pequena meditação ou outros meios de focar no sentir. O objetivo é colocar o foco no sentir sem precisar justificar o que está sentindo, e eliminar os "porquês".

O modo de sentir é a base do agir da pessoa. Portanto, é importante respeitar a liberdade e responsabilidade de cada um no seu modo de sentir. Refletir sobre o sentir significa valorizar a pessoa e o coletivo (capítulos: "Temos total liberdade de sentir...", cap. 2, "Respeito pelo sentir", cap. 3, e "Como lidar com sentimentos negativos", cap. 3).

Como afirmava Alberto Caeiro (heterônimo de Fernando Pessoa):

> Procuro despir-me do que aprendi,
> procuro esquecer-me do modo de lembrar que me ensinaram
> e raspar a tinta com que me pintaram os sentidos,
> desencaixotar as minhas emoções...

Conscientização das riquezas humanas

O segundo passo é reforçar a consciência das riquezas humanas em cada um, riquezas como percepção, intuição, coragem, criatividade, honestidade, iniciativa, concentração, alegria, humildade, amor e talentos específicos (veja "Riquezas humanas e empecilhos", cap. 2). Num círculo, cada pessoa, por sua vez, será o objeto dos outros para que eles expressem a consciência das riquezas humanas que essa pessoa está despertando nelas, usando também a lógica da crítica invertida do método "Dialogo de valorização".

Quando todos se sentem valorizados pelo coletivo, o próprio coletivo se sente valorizado, portanto, mais motivado, corajoso, com iniciativa, criatividade e alegria de trabalhar e cooperar.

Compreensão dos empecilhos

O coletivo faz uma leitura e reflexão sobre os conceitos dos empecilhos em todos nós, tais como: hábitos de sentimentos negativos, autorrepressão, mania de perfeccionismo e/ou grandeza, negatividade e egoísmo. O objetivo é ter a compreensão e desenvolver tolerância e equilíbrio para lidar com os empecilhos em si mesmo e nos outros, sem repressão (exigências, crítica, comparação).

Isso cria um clima de aceitação de erros, portanto, o foco não fica em evitar erros que causam medo, mas em vez disto o foco fica em estudar e trabalhar tendo alegria no próprio ato de fazer algo fomentando o sucesso do coletivo na sua luta.

Acompanhamento das realizações

Pode-se decidir continuar com "Seguimento das Realizações", cap. 3. Os participantes se preparam de antemão, fazendo uma pesquisa sobre o planejado e o realizado, e, com esses dados, planejam as atividades do próximo período.

A valorização e a conscientização em coletivo mudam essencialmente as bases psicológicas de realização e convívio. O coletivo sente uma união e confiança maior no seu futuro.

Reflexão sobre a qualidade da nossa cooperação

O objetivo é refletir como os membros do coletivo estão se sentindo em relação à cooperação e às relações humanas. Todos respondem as perguntas a seguir e entregam para a tabulação das respostas.

Quadro 1 – Perguntas sobre a qualidade da nossa cooperação

Coletivo ou setor do trabalho ________ Data________

Coloque um x na coluna que melhor corresponde à sua opinião.

Perguntas	Muito bem/ Muito bom	Bom/ Bem	Mal	Muito mal
Como você se sente em relação à motivação para trabalhar, estudar e desenvolver suas habilidades?				
Como está o clima de cooperação no seu coletivo?				
Como é seu comprometimento com o coletivo?				
Como você se sente em relação ao seu pertencimento no grupo? (Você se sente membro do grupo?)				
Como está, a seu ver, o grau da justiça, igualdade e solidariedade?				
Como você se sente em relação à remuneração do seu trabalho/reconhecimento pelo seu esforço no estudo?				
Como você se sente em participar das reuniões do coletivo?				
Como você sente sua satisfação pelo estímulo e valorização que você recebe?				
Como você se sente em relação à motivação e contentamento dentro da luta pela reforma agrária popular? (No caso do MST).				

No final, pode-se acrescentar a informação sobre gênero (feminino, masculino) e faixa etária (jovem, adulto) para poder analisar as respostas do ponto de vista destes grupos. Se, por exemplo, as mulheres se sentem mais satisfeitas em relação aos homens, e assim refletir sobre e pesquisar as possíveis causas.

O resumo final é discutido por todos, é feita uma reflexão sobre o modo de sentir no coletivo sem crítica ou necessidade de mudar algo. A finalidade é o coletivo conscientizar como está se sentindo. O tempo dedicado para isto é uma sinalização que o educador de uma turma ou a coordenação de uma cooperativa está consciente da importância de respeitar os sentimentos do coletivo.

A coordenação do coletivo mostra incondicional aceitação e respeito pelo sentir do coletivo. Isto significa que os sentimentos negativos não são proibidos, e assim, não ganham poder oculto como é de praxe. O respeito contagia o coletivo e ele vai agir com mais respeito. Lembramos que qualquer expectativa ou exigência de mudar os sentimentos causa uma reação contrária.

Liderança para o fortalecimento da autogestão

Os membros do coletivo fazem uma autorreflexão sobre as perguntas a seguir. O objetivo é aprender a refletir sobre as questões essenciais da própria liderança para: despertar a vontade de ter conhecimento sobre a liderança e coordenação; despertar a consciência da iniciativa, coragem e humildade dentro de todos, gerando maior participação nas atividades de planejamento e tomada de decisões, assim fortalecendo o espírito e as rotinas de autogestão.

Quadro 2 – Perguntas sobre sua liderança

Unidade/Setor de trabalho__________ Data __________

Aspecto	Perguntas para você responder sobre você mesmo	Satisfatória	Não satisfatória
Conduta pessoal	Você sente comprometimento com o coletivo?		
	Zela pela transparência nas suas tarefas, facilitando aos outros ver como você consegue realizar e desenvolver suas funções?		
	Aceita crítica?		
	Sabe escutar? É aberto a novas ideias?		
	Sabe se adaptar a decisões contrárias à sua vontade?		
Liderança	Tem conduta solidária com o coletivo?		
	Conversa com outros sobre as suas decisões?		
	Tem hábito de reconhecer boas ações dos outros?		
	Procura unir e entusiasmar as pessoas?		
	Toma iniciativa e assume responsabilidade?		
	Orienta claramente sobre os trabalhos?		
	Procura avaliar as consequências futuras de suas decisões e desenvolve alternativas?		
Planejamento	Consegue criar uma visão de longo prazo?		
	Sabe avaliar os recursos necessários?		
	Define prazos realistas?		
Organização	Procura desenvolver métodos de trabalho e organização?		
	Define claramente as responsabilidades?		
	Gosta de delegar, incentivando a autogestão?		
Comunicação	Tem comunicação clara e aberta com outros?		
Desenvolvimento pessoal	Está interessado pelas possibilidades de treinamento?		
	Tem desenvolvido substitutos para suas funções?		
	Exercita conscientemente a sua criatividade?		
Luta pela Reforma Agrária	(No caso do MST) Está empenhado em participar na luta pela reforma agrária popular?		

Mesmo que estas perguntas envolvam mais a coordenação e coordenadores, é útil que todos os membros do coletivo reflitam sobre elas, aprendendo assim a visualizar mais o trabalho do coordenador, sendo que todos fazem parte da organização autogestionária, todos são protagonistas do processo.

Como lidar com conflitos

O conflito surge, por exemplo, quando há vontades, opiniões ou objetivos divergentes. A causa pode estar na esfera prática, sendo uma luta pelo poder entre as pessoas ou grupos; na esfera interna da pessoa (conflito com ela mesma) que se transmite às suas relações; ou na esfera estrutural (capital *versus* trabalho, empregador *versus* empregado etc.). Sempre nos coletivos – seja família, seja turma ou cooperativa –, todos estão envolvidos numa certa luta pelo poder, no esforço de ter o seu desejo realizado.

A arte de lidar com os conflitos está nas seguintes condutas básicas:

– ter tolerância de lidar com as emoções despertadas;

– reduzir exigências de resolver o conflito;

– não exagerar o conflito, não criar interpretações extremistas ou persecutórias;

– fortalecer ações ou atitudes unificadoras;

– ter flexibilidade de negociar, enfocando interesses práticos e coletivos;

– não se omitir e ficar passivo;

– perceber que o conflito não é somente algo negativo, ele também possui aspectos positivos importantes:

- rompe a rotina,
- desafia a acomodação de ideias e posições,
- mobiliza energia latente do sistema,
- desvenda problemas escondidos,
- ajuda a percepção e estimula o raciocínio e a criatividade.

Num conflito há sempre dois lados, duas versões. Praticamente nunca o erro ou o problema está cem por cento num lado só. Procure refletir de modo aberto como suas emoções, atitudes e comportamento podem ter influenciado na situação.

Para prevenir conflitos num coletivo é necessário desenvolver regras claras, como nas cooperativas (Estatuto Social, Contrato Social Interno CSI e Manual de Organização); zelar pela transparência e ética; zelar pela comunicação aberta e democrática; desenvolver a compreensão sobre o ser humano e suas relações.

Como lidar com reações emocionais

A nossa conduta perante um conflito é a essência de como vamos lidar com eles. Ao lidar com dificuldades, nos confrontamos não somente com as reações emocionais do outro, mas também com nossas próprias reações. Nosso medo ou sua irritação podem dificultar chegar a um acordo. Se temos uma conduta autoritária, agressiva, perdemos facilmente o nosso equilíbrio. Lembrar que o nível máximo de autoritarismo se manifesta na pessoa que fica totalmente paralisada por medo de cometer um erro ou cair em conflito visível com alguém.

– Reflita sobre sua própria reação costumeira perante conflitos. Como você se sente: com medo e irritação ou curiosidade e interesse? Qual é a sua atitude?

– Você sente o conflito (atitude agressiva) como uma ameaça que o leva a reações de defesa e ataque, emoções de medo, angústia e/ou raiva, e consequentemente, a uma redução de suas capacidades de percepção, avaliação, bom senso e criatividade?

– Ou você sente o conflito como uma possibilidade de conhecer outros pontos de vista, poder checar as próprias informações, conhecer a outra pessoa melhor? Um conflito é um sinal de diferenças que pode levar a uma aprendizagem importante.

– Reconheça as emoções despertadas em você e no outro. Um conflito importante sempre desperta muita consciência em ambos os lados. Nessa situação se aprende a conhecer o outro e a si mesmo com menos máscara. Reflita o seguinte sobre você: será que você quer mudar a outra pessoa, mudar os hábitos, valores e/ou intenções dela? Isto não se consegue pela força. Mas se você insistir em ter expectativas rígidas, você manifesta intolerância e autoritarismo.

Supondo uma situação na qual o comportamento do outro se manifesta, por exemplo, na arrogância, atitude de não querer escutar, sempre negativa e destrutiva. Pode ser que você reaja com emoções exageradas, e fique envolvido por elas. O comportamento do outro "atingiu" você. É provável que você se identificou por meio dele. Ele despertou uma consciência sobre você, e talvez você não esteja aberto a ouvir e refletir sobre o que o outro está falando.

Possivelmente você vai reagir com angústia ou raiva, por causa da sua percepção de negação consigo mesmo. Talvez você tenha o hábito de se criticar, desprezar e culpar; talvez você limite muito as coisas boas da vida, sabotando sua possibilidade de alegria e assim agindo de modo (auto)destrutivo. Isto significa que você está em conflito consigo mesmo, atraindo e exagerando conflitos, reagindo de modo persecutório e na defesa. A consciência disto, sem crítica, pode ajudá-lo a se libertar gradativamente.

Num conflito, todas essas reações aparecem em você e no outro simultaneamente, em maior ou menor grau, o que pode resultar num estado de inimizade com o outro, um bloqueio total no relacionamento.

Passos para lidar com conflitos

Se você, como professor ou coordenador, está facilitando o processo de como lidar com conflitos, pode seguir os seguintes passos:

– Separe as partes em conflito, lide com elas separadamente.

– Deixe que cada um conte sua versão. Tente não corrigir ou argumentar as versões. Ouça ativamente, talvez anote os pontos essenciais.

– Desenvolva uma atmosfera de eliminar exigências para resolver o problema de imediato, a fim de obter tempo para melhor compreender a situação.

– Pergunte a cada participante o que eles sentiram na situação (medo, frustração, raiva, injustiça, ofensa...). Leve cada um a respeitar seus sentimentos. Desenvolva uma compreensão sobre a total liberdade de sentir. Queremos primeiramente ser vistos e respeitados em nossos sentimentos.

– Discuta se possível com cada parte separadamente:

- Nós somos espelhos interiores uns dos outros, muitas vezes justamente do modo como nos sentimos.

- O que fazemos com o outro, fazemos dentro de nós, com nós mesmos.

- O mal só pode ser curado com algo bom.

– Pergunte, para cada parte, de que modo sugerem lidar com o conflito/situação, e peça para prepararem um planejamento detalhado. Dê-lhes tempo para fazer isso. (Nota: É importante que a proposta venha deles, ensine-os autogestão, delegue as questões de como lidar com o problema adequadamente.)

– Levante todas as sugestões e tente resumir as várias propostas em um plano comum, proponha-o para cada um das partes. Faça uma discussão sobre ele. Talvez agora seja possível ter uma reunião com todos envolvidos juntos.

– Ajude as partes a realizar o planejado. Lembre-se, evite a necessidade de resolver o problema, mas sim, desenvolver meios melhores de viver e de lidar com o problema.

Se isto não der resultado, talvez provoque um confronto com o outro. Sugira que ele precisa de ajuda para lidar com o problema.

Levante o assunto no coletivo e peça conselhos a todos. Deixe o coletivo sugerir como proceder.

Princípios para agir como mediador

Se o conflito é persistente e você precisa organizar um processo entre as duas partes, você pode seguir os passos preparativos:

– Comece com o objetivo de levar as partes a aceitar o conflito, ter tolerância com o conflito. Avalie a estratégia que você vai adotar.

– Numa conversa individual, estude o ponto de vista de cada lado separadamente. Pesquise posições e perceba emoções, fale sobre elas com tolerância. Não faça julgamentos e não tome qualquer partido a favor de ninguém.

– Procure levar cada uma das partes (separadamente) a olharem para si mesmas com o objetivo de conscientizarem suas reações emocionais, suas condutas prejudiciais e seus erros de raciocínio.

– Peça a cada parte para trazer suas ideias de como lidar com o conflito. Procure encontrar vantagens mútuas com as sugestões de cada um e desenvolva propostas alternativas. Sugira regras e procedimentos que possam reduzir a tensão. Crie alternativas. Analise-as com critérios objetivos, como: opinião científica, padrões profissionais, eficiência, custo, o que um tribunal decidiria, reciprocidade etc. Procure motivá-los para a negociação de um acordo mútuo destacando as vantagens dele. Desenvolva um compromisso que atenda parcialmente os dois lados.

Se isto não der resultados satisfatórios, tome uma posição de mediador formal ou escolha um outro mediador imparcial, seguindo os passos descritos na continuação:

– Organize uma reunião formalizada com os envolvidos presidida pelo mediador. Estabeleça os objetivos e as regras da reunião. Por exemplo, use a primeira parte do tempo para que cada um possa expressar sua versão dos fatos; segundo, expressar suas emoções; terceiro, cada um colocar as expectativas; quarto, as partes apresentam suas propostas de como tentar resolver a situação.

– Pode-se definir que cada um fale um tempo limitado. Não é necessário ter diálogo, mas simplesmente deixar os dois se expressarem de modo organizado.

– Conforme a situação, o mediador procura levar os dois para um compromisso de ações práticas a serem tomadas e de regras a serem seguidas. O mediador não deve julgar, tomar partido. Ele simplesmente cuida da parte formal da reunião e facilita a negociação.

Um exemplo de reflexão sobre um relacionamento difícil entre dois companheiros

Para exemplificar como lidar com tensões e conflitos entre duas pessoas, vamos usar um exemplo de um estudante que chamamos de Carlos e seu companheiro de sala, João. Fizemos o seguinte diálogo com Carlos:

Eu: Você falou da sua dificuldade de lidar com João, descreva como ele é a seu ver.

Carlos: Ele é prepotente, arrogante, se acha superior, sempre fica dando tapinhas nas minhas costas, sempre faz comentários irônicos, muito desagradável, chato e nojento.

Eu: E o que você sente na presença dele?

Carlos: Não sei, ele é muito chato e cheira muito mal.

Eu: Mas seu sentir, o que sente?

Carlos: ... Fico chateado, irritado... com raiva...

Eu: E será que você se sente também ofendido, humilhado, indignado... e impotente?

Carlos: Não sei se ofendido, indignado sim... Mas... sim, realmente me sinto ofendido, é verdade.

Eu: E com impotência?

Carlos: ... Eh, sim, estou vendo que sim.

Eu: Você já parou para sentir estes seus sentimentos conscientemente?

Carlos: Eu sinto assim, não tem como!

Eu: Mas você já parou e usou um tempinho para sentir a sua total liberdade de sentir tudo isto?

Carlos: De fato não.

Eu: Então agora mesmo vamos usar um pouquinho do nosso tempo para sentir isso tudo, feche os olhos, respire tranquilamente e se concentre no seu sentir, só no sentir, tente se desligar das causas. Para você se respeitar justamente no seu modo de sentir.

Carlos: É, estou sentindo tudo isto, hmm...

Eu: Vamos então refletir sobre este seu sentimento de impotência. Se você sente impotência é que você quer ter alguma potência, ou poder maior que tem?

Carlos: Como assim?

Eu: Talvez você queira ter poder para, por exemplo, mudar João para que ele pare de agir assim?

Carlos: Verdade, tenho que admitir que sim.

Eu: Então vamos lá, você quer conscientemente ter poder para mudar João?

Carlos: Sim, quero sim.

Eu: Mas conscientemente? Você sabe que não tem este poder, mesmo assim você quer mudá-lo?

Carlos: Não, não, não adianta.

Eu: Então talvez você esteja mais frustrado e com raiva de si mesmo, e não tanto pelo João! Sabendo que você não tem o poder que queria ter de mudar João, você passa a se sentir impotente, você não acha?

Carlos: Concordo, é isso mesmo. Poxa, como sou burro!

Eu: Tendo essa consciência, creio que você não vai mais querer mudar ou controlá-lo, mas você quer ajudá-lo?

Carlos: Certo, agora entendo. Vou agir diferente daqui pra frente.

Eu: Inclusive, vamos pensar no que o João sente, o que você acha que João sente?

Carlos: Ele se acha superior..., não sei.

Eu: Mas ele não sente inferioridade, frustração, raiva e impotência?

Carlos: Deve ser isso mesmo.

Eu: Estes são os mesmos sentimentos que você sente, vocês são espelhos internos entre si, sentindo quase da mesma maneira e cada um com os seus motivos.

Carlos: Não tinha pensado nisto, mas é verdade.

Eu: Então vamos lá. Como agora você pensa em ajudar João?

Carlos: Ser amigável com ele... Não sei direito...

Eu: Será que você poderia falar: "João, me parece que você desvaloriza seus conhecimentos e ideias de forma injusta"?

Carlos: Seria bem estranho falar isso, ele não iria entender nada.

Eu: O estranho que desperta interesse. O rotineiro que nem se escuta.

Carlos: É mesmo, faz sentido. Mas assim mesmo penso que ele não iria entender e aceitar.

Eu: Mas exatamente o que a pessoa tem dificuldade de entender é o que ela presta mais atenção e fica pensando mais tarde, mesmo que na hora finja que nem escutou.

Carlos: Pode ser...

Eu: A pessoa não precisa entender ou aceitar, basta respeitar e aceitar a reação dela. Percebendo isso, vai se sentir respeitada, passando a respeitar mais a si mesma e aos outros. Não vamos esperar nada para não criar exigências que sempre bloqueiam o fluxo natural.

Carlos: Isso é engraçado, mas parece que é assim mesmo.

Como organizar reuniões produtivas

Para que uma reunião seja produtiva é necessário que ela seja conduzida com planejamento e estrutura necessária. A coordenação da reunião tem a liberdade maior de conduzir a reunião no sentido democrático.

– Antes da reunião:

- convoque a reunião com antecedência necessária;
- prepare uma pauta bem pensada; planeje o tempo aproximado para cada assunto;
- verifique que o local da reunião esteja em ordem com equipamentos necessários, por exemplo, projetor, quadro negro, cadeiras, limpeza etc.;
- prepare a pessoa que vai funcionar como secretária, se possível forneça informações antecipadas para facilitar o trabalho dela;
- distribua o material necessário com antecedência para os participantes.

– Durante a reunião:

- comece pontualmente, dando o exemplo; explique os motivos e objetivos da reunião esclarecendo a pauta; verifique a legalidade da reunião;
- se há poucos participantes na reunião, não use tempo para reclamar sobre os ausentes, não dê tempo e poder para os ausentes, mas valorize as pessoas presentes;
- organize o trabalho da reunião, presidente, secretaria, outros;
- esclareça a disciplina e metodologia a ser adotada; se a reunião é grande e facilmente tumultuosa, procure deixar os objetivos de disciplina claros, talvez por escrito na parede da sala:
- quem quer falar, deve pedir sua vez formalmente, por exemplo, levantando a mão;

- só se pode falar, quando autorizado pela/o presidente;
- a/o presidente pode preestabelecer o tempo máximo de cada fala;
- se os participantes conversam entre si dificultando a reunião com barulho, é importante que o grupo aja coletivamente para pedir paz de concentração;
- se alguém falar com a voz muita baixa, peça para falar mais alto, ou que alguém "traduza" a fala dele;
- alguém pode ser designado para coordenar a parte da disciplina para poupar a/o presidente.

(Se os participantes já têm uma rotina boa de agir nas reuniões, a necessidade de regras de disciplina é menor);

– tratando-se de um assunto, peça aos responsáveis para dar os esclarecimentos necessários, faça perguntas abertas, peça aos participantes para se manifestar, incentive-os a fazer propostas;

– procure facilitar uma participação equilibrada, limitando falas compridas e dominantes e incentivando os mais passivos ou tímidos a se expressar ou distribuindo sistematicamente a possibilidade de fala para todos;

– procure reforçar aspectos positivos de cada fala;

– ajude o grupo a aceitar opiniões conflitantes;

– procure impedir colocações ou agressões pessoais mantendo o foco no assunto, nos fatos e nas questões objetivas;

– se necessário, trate de emoções despertadas, tais como angústia, frustração ou raiva. Procure aceitá-las, desvendando-as e deixando as pessoas manifestá-las, mas evite que se dê poder para elas. Desenvolva tolerância com emoções;

– leve o assunto para votação formal quando não há consenso determinado;

– procure concluir cada assunto da pauta, definindo claramente decisões e providências a serem tomadas. Os encaminhamentos são documentados na ata da reunião;

- se o assunto se prolongar muito, faça um corte e passe o assunto para a próxima reunião, para respeitar o horário;

- no final da reunião, se for necessário, defina a próxima reunião; data, local, objetivos, metodologia etc.;

- encerre a reunião claramente, de preferência com uma mensagem animadora agradecendo e reconhecendo os participantes.

– Depois da reunião:

- dê seu apoio para pessoas que ajudaram durante a reunião;
- garanta que os assuntos estejam sendo encaminhados e realizados conforme combinado;
- procure as pessoas falantes demais, e peça para ajudar os mais quietos a se comunicarem na próxima reunião.

– Há seis maneiras comuns de estragar a reunião:

- uma pessoa fala demais;
- discute-se tempo demais sobre um tema;
- evita-se um assunto importante ou age-se de modo vago;
- pula-se de um assunto para outro sem concluí-los;
- quando se ataca uma pessoa em vez de lidar com a ação;
- não se cuida da ordem da reunião.

Portanto, a coordenação da reunião pode se preparar e antecipar/prevenir estas armadilhas. Reuniões bem organizadas e com espírito aberto e alegre são sinais que a coordenação está valorizando o coletivo e, assim, a tendência forte é que o coletivo respeite sua coordenação.

5. APLICAÇÃO DO MÉTODO NAS ESCOLAS

Educação é sempre um caminhar junto com as crianças e educadores, filhos e pais, menores e seus responsáveis. É uma ação recíproca: as crianças ensinam os pais ou responsáveis o caminho para o carinho, curiosidade, espontaneidade, compaixão, paciência e felicidade, ou simplesmente amor. Os responsáveis equilibrados observam, escutam, aprendem e respeitam os menores, sentem que estão crescendo com eles. Os responsáveis sabem respeitar a liberdade total do ser humano de sentir e pensar, sem tentar forçar com os próprios modos ou ideias mas procurando compreensão, diálogo e contato, em vez de controle. Eles percebem que uma criança que nasceu saudável requer menos paciência e amor do que outra que nasceu com problemas, e que requer e tem direito maior de ser amado. Ser responsável por um menor é uma escola difícil, mas gratificante, algo em que nunca se fica "diplomado".

Como se diz: "As crianças nunca são muito boas para escutar os mais velhos, mas elas nunca falham em imitá-los".

Finalidade da educação – adestrar ou libertar?

Segundo Paulo Freire,

> Não existe tal coisa como educação neutra. Educação ou funciona como um instrumento usado para facilitar a integração das gerações na lógica do atual sistema e trazer conformidade com ele, ou ela se torna a 'prática da liberdade', o meio pelo qual homens e mulheres lidam de forma crítica com a realidade e descobrem como participar na transformação do seu mundo.

Um dos propósitos essenciais do nosso sistema de ensino surgiu no início de 1800 na Prússia, onde o filósofo Johann Gottlieb Fichte (1762-1814) desenvolveu a ideia de um sistema público de ensino. A necessidade e o objetivo eram elevar o nível de conhecimento da população, para que funcionasse melhor, tanto na guerra quanto nas fábricas. As crianças devem aprender o que lhes é oferecido, na forma como está previsto. Devem aprender a pensar o que devem e o que não devem pensar. O sistema escolar foi concebido para gerir e controlar os pensamentos da criança. Elas são criadas para serem soldados e trabalhadores.

Marco Guerra, advogado, declarou na entrevista ao jornal *Tribuna do Norte* (31/3/2013): "Ou a educação é feita no sentido libertador ou domesticador. A educação não é neutra". Domesticar significa transformar crianças em dóceis recursos de trabalho, empregados para fins do sistema econômico.

Reclama-se muito que o jovem de hoje é mais difícil de lidar. Se isto for a verdade, a causa deve estar na mudança do clima psicossocial da nossa sociedade, portanto, do capitalismo. O sistema tem mudado para mais desigualdade, mais competição, mais superficialidade nos valores, tornando o jovem mais inseguro no campo de formação superior e enfrentando maior dificuldade de conseguir emprego. O jovem está vendo seu futuro com olhos diferentes, se sentindo menos valorizado e confiante, e mais temeroso que as gerações de 30 ou 50 anos atrás.

É evidente que na escola os jovens manifestam seu mal-estar do mesmo modo que os adultos nos seus locais de trabalho. Não podemos criticar os jovens, eles são o nosso "fruto", e em sua maior parte, consequência da nossa sociedade. Parece que a escola tem que corrigir a doença que a sociedade causou nos pais e, portanto, nos jovens, mas não pode porque é contra princípios da sociedade.

Assim, a escola vive uma contradição: de um lado, educar crianças para ideais de cooperação e solidariedade, e no lado prático, para a competição e o individualismo.

Em vez de domesticar o ser da criança e do jovem, a escola deve despertá-lo para sentir, pensar, questionar, criar, errar e participar. Educar para a solidariedade, igualdade e felicidade. Educar para não cair na armadilha de se tornar um escravo dos bens materiais e do sucesso individualizado.

No dossiê "MST Escola, documentos e estudos 1990-2001" (*Caderno de Educação n. 13*), há um resumo da concepção de educação e de escola definindo alguns princípios fundamentais de pedagogia. Há alguns aspectos a destacar nesse contexto:

– a relação entre prática e teoria e a preocupação com a formação para a ação transformadora;

– educação para o trabalho e pelo trabalho, com ênfase na cooperação;

– construção de um ambiente educativo que vincule a escola com os processos econômicos, políticos e culturais;

– gestão democrática, incluindo a auto-organização dos educados para sua participação efetiva nos processos de gestão da escola;

– práticas pedagógicas preocupadas com a vivência e a reflexão sobre valores centrados no ser humano.

O intuito deste livro é trazer uma contribuição na tentativa de colocar estes ideais e princípios em prática e desenvolver as práticas de educação transformadora. O objetivo é a valorização e conscientização humana e social, e a participação igualitária. Concentramos principalmente em dois aspectos:

– introduzir algumas práticas de organização das atividades da escola para incentivar a participação, estruturar a responsabilidade coletiva e fomentar o espírito de solidariedade;

– introduzir o processo contínuo de valorização humana e social e o autoconhecimento através da conscientização das riquezas humanas em cada um de nós, compreensão dos empecilhos (nossos limites e dificuldades) e respeito por cada pessoa em seu modo de sentir.

O intuito é que a transformação da escola contribua para a transformação da sociedade em geral.

Do ponto de vista do trabalho do professor, o objetivo é desenvolver um método educativo que foque no desenvolvimento de boas relações e disciplina na sala de aula e na escola, e desperte a motivação dos educandos para a aprendizagem e o seu desenvolvimento humano.

Como exemplo, na sala de aula, a paz de trabalho não deveria ser responsabilidade do professor, mas dos educandos, já que eles são a maioria. Da mesma forma, cabe à turma incentivar e valorizar os educandos que têm mais dificuldades.

Motivação – vontade de estudar

A motivação é uma espécie de energia psíquica, como uma chama interna que faz uma pessoa agir e se esforçar. Quando você pode fazer o que quer não sente resistência alguma.

Quando queremos motivar alguém, procuramos influenciar a vontade dele, e assim, motivar pode ser uma espécie de lavagem cerebral. Em uma criança vemos a vontade inata de aprender, agir, testar, observar e descobrir a realidade e como ela funciona. Uma criança é, pela natureza livre, alegre e confiante.

O melhor ambiente para o crescimento e desenvolvimento das crianças, assim como dos adultos, é no convívio em participação igualitária e aceitação incondicional. Nesse ambiente, as riquezas humanas na criança são despertadas e valorizadas para que ela esteja consciente delas e seja confiante em si mesma. As crianças sentem que não são punidas por erros, são livres para errar, o que significa liberdade para acertar.

O professor pode, sempre que achar útil, promover na turma uma discussão sobre temas que todos nós pensamos, procurando cuidar que todos tenham o espaço para se expressar:

– A vontade e os sentimentos:

- Qual é o seu maior sonho para o futuro?
- O que você sente agora? (alegria, curiosidade, amor, desinteresse, insegurança, inferioridade, irritação, raiva, vergonha, tristeza...).
- É importante para você ser aceito pelos outros?
- Você quer se sentir melhor que os outros?
- Você pensa mais sobre como evitar um erro ou fracasso do que sobre como alcançar a felicidade?
- Você percebeu alguma vez algum tipo de maldade em você?

– Autoconhecimento e autoconfiança:

- Que valores são importantes para você? (honestidade, alegria, amor, humildade, coragem, ser o primeiro, ser mais forte, ser mais bonito...)?
- Você se sente dependente dos outros? Se sim, de que maneira?
- Você se sente rebelde? Se sim, de que maneira? Como você vai realizar a sua rebeldia?
- Em que aspectos psicológicos você se assemelha a seus pais ou responsáveis?
- Você já adquiriu alguns dos valores (competição, individualismo, dependência do emprego, ter dinheiro para consumir...) da nossa sociedade? Dê um exemplo.

– Sobre a morte e o sentido da vida:

- O que significa para você ser feliz?
- Você quer participar das decisões importantes que afetam você? Se sim, dê exemplos de coisas importantes que você gostaria de poder decidir.

- O que é o sentido principal da vida para você? Por que estamos vivendo?
- Você tem um sonho importante da vida, algo que você quer realizar? Qual é seu sonho a ser alcançado? E se você alcançá-lo, o que iria fazer com o seu sucesso? Seria para você e sua família ou você queria ter uma contribuição mais ampla com as pessoas e com a transformação da sociedade para torná-la mais justa e alegre?
- Você acha que as atividades diárias, como estudar e trabalhar, devem estar relacionadas com o sentido da vida? Justifique sua resposta e discuta o assunto.
- Você pensa sobre a morte? Se sim, como é a sensação de pensar nela? Há alguma forma de existência após a morte?

– Amor e sexualidade:

- Como você entende as palavras gostar, amar e estar apaixonado? Discuta com os outros.
- De que modo o amor e a sexualidade estão ligados?
- Como pode o amor e a sexualidade terem significados diferentes?
- Você sentiu necessidade de, em algum momento, se identificar como heterossexual, homossexual ou bissexual? Foi um momento de decisão ou é um processo fluído?
- O que mais você deseja saber e discutir sobre sexualidade?

Discutir sobre estes temas abre a cabeça para uma consciência mais elevada e assim eleva o espírito da turma. Estas perguntas podem abrir o canal para motivação de estudar até matérias que o jovem não tem muito interesse.

A função da escola para motivar os educandos é muito contraditória. Os educadores querem que os educandos sejam bem comportados, que se concentrem em suas tarefas e mantenham-se concentrados no ensino. É compreensível e respeitável que um jovem não queira uma coisa dessas. Ele pode não refletir sobre isso no âmbito intelectual, mas no seu sentir ele está ciente de que é empurrado para um curral. Quanto mais abertamente o educador falar sobre isso, mais os jovens se sentirão respeitados, se tiverem percepção da injustiça social. O jovem tem tendência de se revoltar contra poderes, ele quer mudanças, mas após se tornar adulto, já foi moldado a sentir e pensar de acordo com o sistema.

Um dos pilares que sustenta a hierarquização dentro da escola e impede questionamentos dos educandos é justamente a avaliação, essa que está na mão dos professores e diretores, seja ela em forma de provas relacionadas ao ensino, seja ela pela avaliação comportamental. Cabe então aos professores refletirem sobre o que seria "um aluno comportado na escola". O que seria um aluno não comportado? Que tipo de educação está se intencionalizando em sua prática pedagógica: a que incentiva a passividade e o "bom comportamento" ou a que incentiva a habilidade de crítica para a transformação da escola e da sociedade?

Neste sentido, visualiza-se o educador como um líder da turma. O líder transmite seu sentimento aos outros, seja o medo de cometer erros, seja a exigência de saber tudo, descontentamento ou alegria, entusiasmo, respeito e amor.

A motivação de aprender morre quando o educando fica para trás e começa a se sentir incapaz. Ele começa a fugir do assunto e, talvez, a odiar o professor. Em seu livro *A Matemática como uma linguagem* (2000), Marit Johnsen Høines descreve a cooperação entre educador e educando: "Sentir e demonstrar respeito pelo conhecimento do aluno é uma boa base para a cooperação".

> Por um tempo, minha filha costumava reclamar vigorosamente sobre o professor de física quando chegava da escola. Ela dizia que não entendia nada de física. Não era típico dela. Preguiçoso como eu era, pedi que procurasse um professor particular.
>
> Quando parecia que nada mudaria no assunto, sugeri que sentássemos juntos para ver o livro de física. Ela concordou. Repassamos o livro e

> localizei as áreas que ela entendia. A partir daí, começamos a mover gradualmente para a frente por aproximadamente quatro noites. Surpreendentemente, tudo mudou rapidamente: ela veio da escola e me disse o quanto amava o professor de física e a própria física. Eu não podia acreditar nos meus ouvidos. Mudanças não ocorrem sempre de forma tão fácil, mas este exemplo ressaltou para mim a importância de sentir que conseguimos, para, a partir daí, prosseguir moderadamente.

Talvez uma das formas mais eficazes de suprimir a motivação dos alunos é ser crítico e insatisfeito. Evitar o fracasso na aprendizagem resulta na sabotagem do ensino. Quando o foco está na exigência e crítica, o negativo toma poder, e o aprendizado se torna muito chato. Para transformar o princípio de valorização em uma rotina cotidiana na sala de aula e na escola (ou na família), estuda-se, reflete-se e discute-se o conceito socialista de ser humano (cap. 2), e treina-se o uso especialmente das ferramentas:

– no âmbito individual: *comprometimento pela valorização*; *respeito pelo sentir*; *como lidar com sentimentos negativos*; *seguimento das realizações*; *diálogo de valorização*; *diálogo de desenvolvimento*; e *motivação positiva*; e

– no âmbito coletivo: *organização do coletivo para responsabilidade coletiva*; *como lidar com desafios em coletivo*; *valorização e conscientização em coletivo; como lidar com conflitos.*

Nos tópicos a seguir se exemplifica o uso delas. De acordo com Albert Einstein:

> A educação do indivíduo, além de promover suas próprias habilidades inatas, tentaria desenvolver nele um senso de responsabilidade por seus semelhantes, no lugar da glorificação do poder e do sucesso, como ocorre em nossa sociedade atual. O valor de um homem deve ser visto no que ele dá, e não no que ele é capaz de receber. Nunca considerem seus estudos como um dever, mas como a invejável oportunidade de aprenderem a conhecer a influência

> libertadora da beleza no reino do espírito, para a sua própria alegria pessoal e para o benefício da comunidade a quem pertencerá o trabalho posterior de vocês.
> A importância da alegria no ato de ensinar e de aprender, a alegria sendo um verdadeiro motor da criatividade humana.*

Desafios na sala de aula – reprimir ou valorizar?

Em todas as escolas do mundo há comportamentos problemáticos em crianças e jovens. Citando alguns exemplos:

– alguém quer constantemente a atenção do professor e dos outros;

– alguém está inquieto, não para e perturba a aprendizagem e concentração dos outros;

– há descontentamento, indiferença, passividade, falta de motivação;

– alguém está sempre revoltado e tem facilmente acessos de raiva (medo);

– há um clima de deboche entre alunos, palavrões, conflitos;

– há brigas, agressão verbal e física, *bullying;*

– a turma está em caos, gritando e ninguém se escuta;

– num grupo de 20 estudantes, há cinco que criam desordem e brigas;

– alguns alunos estão com sintomas de depressão e autoagressão;

– o educador está sentindo frustração, impotência e estresse.

É interessante observar que nessas situações o professor se sente impotente e sem uma metodologia para agir. Nota-se também que a maioria da turma talvez fique frustrada, mas não reage, em vez disso espera e exige que o professor solucione o problema.

---

* Alexandre Medeiros e Cleide Farias de Medeiros. *Einstein e a educação*, São Paulo: Editora Livraria da Física, 2006.

Na educação comum, que já tivemos em casa, nas escolas, nos locais de trabalho e na sociedade em geral, são usadas normalmente as seguintes rotinas no propósito educativo (veja também, *Modo normal de lidar com problemas os torna crônicos*):

– os pais/educadores sentem descontentamento, irritação, raiva e rejeição;

– mandam: "fique quieto, não faça isso, faça desta forma!";

– criticam e dão bronca (colocam o foco nos problemas);

– realizam avaliação, comparação, classificação;

– presença de competição, prêmios, benefícios, medalhas, símbolos de poder;

– presença de punição, humilhação, exclusão;

– existência de uma expectativa de que as crianças se comportem como adultos e de que todos devem se comportar da mesma maneira.

Este tipo de educação torna as crianças egoístas, inseguras e/ou agressivas, o que reduz drasticamente a alegria, a curiosidade, a criatividade e a confiança em suas habilidades e na vida. A educação comum é repressiva e provoca uma revolta justa contra adultos, autoridades e sociedade. Como poderíamos agir de outra maneira?

Anteriormente, o cap. 1 em *Como lidar com problemas pela valorização* descreve uma maneira diferente de lidar com problemas. A seguir, há um resumo dos problemas acompanhado de novas maneiras de reagir:

Lembramos que nossas rotinas de lidar com desafios vêm das estruturas de poder e que estas rotinas repressoras tornam os problemas crônicos. Portanto, paramos de usar o jeito convencional de lidar com problemas.

Reação comum aos problemas	Reação aos problemas pela valorização
Sentimos descontentamento, irritação, medo, frustração, raiva, culpa, impotência... e reagimos pensando que não deveríamos sentir assim.	Aprender a respeitar e a sentir conscientemente o próprio modo de sentir, e aprender a respeitar os sentimentos dos outros.
Sentimos exigência de resolver o problema de imediato, e assim, a atenção e o poder ficam concentrados no problema.	Desfazer as exigências de solução e planejar uma nova maneira de lidar com o problema com o foco nas possibilidades e riquezas humanas.
A turma espera que professor resolva ou que alguém traga uma solução mágica.	A turma se organiza e toma iniciativa coletiva para manifestar a vontade da maioria.

Tentar ignorar o sentir dos educandos cria uma força oculta na sala de aula que impede o ensino

Voltemos à lista dos desafios do professor na sala de aula e tomemos como exemplo o aluno que quer atenção o tempo todo, não se concentra e perturba os outros. O professor e a maioria da turma está frustrada em inação. Uma provável causa para essa inação é que as pessoas querem evitar o conflito ao mesmo tempo que sentem exigência de resolver o problema. As pessoas também sentem medo, indiferença, injustiça, irritação, revolta, e não querendo sentir assim, reagem reprimindo seu sentir. Elas se paralisam.

O "bem" da inação é que a maioria procura a paz individual. Isto faz com que a maioria não reaja para o bem coletivo, o que significa que elas não se respeitam.

O educando que tem muita necessidade de atenção, que perturba a paz na sala, provavelmente manifesta uma carência profunda de amor, e precisa que alguém reforce o direito dele de também existir. Com o comportamento agitado e agressivo, provavelmente está expressando os sentimentos de inferioridade, medo, revolta, raiva, exigências e culpa. Talvez ele se sinta rejeitado, sinta que nunca foi devidamente valorizado e amado, e muito menos "visto" no seu sentir. E atenção por meio de descontentamento, medo ou raiva dos outros vale como atenção, pelo menos os outros se importam com ele.

Ele e a maioria estão sentindo os mesmos sentimentos, mas cada um pelos próprios motivos. Os dois lados, incluindo o professor, são como espelho entre si no modo de sentir, e como nenhum dos lados quer perceber nisso, a tensão e o descontentamento crescem. Para lidar com esta tensão, a turma deveria estudar e discutir os seguintes conceitos sobre o ser humano: todo ser humano é livre para sentir; liberdade é sinônimo de responsabilidade; todos nós somos espelhos internos entre nós (cap. 2).

O sistema de educação em qualquer modo de poder, seja ele feudal, capitalista ou socialista, cumpre a função de formar indivíduos que venham a reproduzir o funcionamento do sistema. No sistema capitalista, a educação cumpre a função de moldar a sociedade através de valores que garantem a divisão de classes (explorados e exploradores) a partir da ideologia da sociedade capitalista. Marx coloca isso no sentido que "as ideias dominantes de uma época são as ideias da classe dominante".

A função da educação não poderia ser moldar a criança às expectativas do sistema de poder econômico, ao sistema de exploração do trabalho. O propósito da educação socialista é muito maior: inspirar as crianças a crescerem como pessoas humanas, crescerem na ética e no amor; no entanto vivemos a contradição de não estarmos na sociedade socialista, então, cabe a transformação da escola para que as crianças possam ter as bases da construção da sociedade de amanhã, a partir de valores dessa sociedade que se busca construir.

O educador que se sente interessado pelos sentimentos da criança tem um respeito grande por ela, e assim inspira o respeito da criança por si mesma e pelos outros. Aceitar os sentimentos, obviamente, não significa que não se deve impedir uma pessoa de agir agressivamente. Uma atmosfera de cordialidade e alegria na escola é, no fundo, o sonho de todos os professores e alunos.

A educação, motivação e liderança comuns objetivam a correção do comportamento, colocando todos numa estrutura de exigências com controle, que acaba no elogio ou crítica num espírito de contínua competição. Com este empacotamento da vida, ela se torna um contínuo processo de exigências, "tem que isto, tem que aquilo". O ser humano é, deste modo, levado a se tornar alienado de si mesmo, da atividade que está fazendo e da realidade. A alegria de estudar e trabalhar se perdeu.

É a educação popular que estimula a criticidade, a análise das relações tanto de produção, quanto dos valores que estão sendo construídos, que liberta o ser humano para uma nova forma de se relacionar. Neste sentido é possível romper com a alienação e a dicotomia entre professor e aluno, e compreender o sentido do estudo e do trabalho que existe no ambiente da escola e sociedade. Qual é o seu princípio como educador: tentar eliminar os sintomas ou lidar com as causas dos problemas?

Organização da turma para responsabilidade coletiva

A função e a regulamentação geral da escola são definidas de modo bastante detalhado e restritivo pelo Ministério da Educação numa forma de constituição que define conteúdos, princípios, objetivos e mecanismos do ensino e administração. Nosso desafio na transformação da escola é partir da escola que já existe, lidar com as suas muitas contradições, e ir ensaiando uma nova forma de se fazer educação, mesmo que haja limitações na esfera do controle institucional. Há espaços para desenvolver a vida diária da escola em que os trabalhadores e educandos possam tomar decisões no âmbito da escola e no âmbito da turma. Vamos nos concentrar especialmente no aspecto de convivência e cooperação.

No organograma da escola, o núcleo de base é a raiz da democracia, pois nele está inserida a totalidade escolar, incluindo os seus integrantes. Por isso ele é chamado de base. Há dois tipos deles: núcleo dos estudantes e núcleo dos funcionários. Os núcleos são compostos por mais ou menos dez pessoas. Se existem, por exemplo, 24 educandos na turma, se formam dois núcleos. Os funcionários são divididos dentro do mesmo princípio.

Os assuntos a serem decididos são primeiramente tratados nos núcleos. Cada núcleo monta sua proposta, a qual, por meio de dois representantes, é levada para o nível da turma. A turma é composta, por exemplo, por três núcleos, nas classes de mais ou menos trinta educandos. Os representantes dos núcleos discutem na coordenação da turma as propostas dos núcleos e, chegando num consenso, as recomendações são transferidas para o conselho de gestão democrática, que analisa as propostas e faz a concepção de decisão a ser encaminhada para o conselho executivo, que analisa as propostas recebidas e faz possíveis correções justificando-as e devolvendo o assunto para os núcleos de base.

Os núcleos podem se reunir, por exemplo, uma vez por semana, as turmas uma vez por mês e o conselho de gestão democrática uma vez por semana ou mês, ou quando necessário. O fórum máximo de democracia é a assembleia geral. Ela se reúne quatro vezes por ano, no início e no final do semestre, e sempre quando há uma necessidade de lidar com uma decisão importante.

Os conselhos de gestão democrática e executivo definem quais os assuntos que pertencem à gestão democrática. À medida que a prática e a consciência dos trabalhadores da escola e alunos se desenvolvem, procura-se continuamente aumentar o leque de assuntos da democracia. A seguir, uma lista de alguns assuntos que podem ser incluídos na democracia participativa:

– Geral da escola

- princípios e a metodologia de conscientização entre os alunos, educadores e trabalhadores da escola.

– Pedagógico
- definição de grade curricular;
- métodos específicos de ensino;
- escolha de material pedagógico e didático;
- métodos de avaliação de aprendizagem;
- a classe pode optar pelo método tradicional da colocação das carteiras em fileiras, todos olhando para direção do educador, ou optar pelo modo onde carteiras/mesas são colocadas para formar grupos de trabalho;
- a classe pode optar pelo método de ensino em que cada matéria tem seu tempo/momento próprio ou pelo modo interdisciplinar, em que se integram varias matérias estudando-se através de projetos em grupos.

– Administração
- definição do organograma;
- definição das funções;
- planejamento estratégico da escola;
- participação dos alunos nos trabalhos da escola;
- planejamento anual da formação contínua dos trabalhadores da escola;
- auditoria financeira da escola;
- critérios de acesso aos arquivos;
- uso da escola nas atividades fora do horário de ensino;
- decoração e manutenção do espaço físico de salas e da escola;
- definição da estratégia de comunicação e divulgação da escola;
- segurança da escola;
- participação na definição dos critérios de escolha de educadores e trabalhadores da escola;
- uso de uniforme escolar.

Combinações de convivência e disciplina

Na escola deve haver um espírito de *direitos humanos,* de modo que todo mundo tenha liberdade de trabalhar em paz e cada um seja respeitado pelos outros. Isto exige regras justas de convivência. Como as regras da convivência são definidas nos processos democráticos, o compromisso é coletivo e assim o próprio coletivo funciona como força positiva natural para conter abusos de comportamento destrutivo.

A disciplina não deve ter conotação punitiva, mas de respeito, orientação, conscientização e quando necessário com consequências para conduzir o aluno a fazer boas ações. Uma ação destrutiva deve ser retribuída com uma boa ação.

As regras são os limites e orientações que devem ser aplicadas com respeito e valorização do ser humano. Colocação de limites sem amor é uma agressão.

Cada turma ao entrar na escola estuda, discute e desenvolve as combinações de convivência, e talvez assine o compromisso com elas. Em seguida, há uma proposta básica que pode ser usada como uma base para discussão:

– Princípios (diferente de regras, já que não há consequências em caso de violação):

- zelar e incentivar os direitos humanos no ambiente escolar;
- respeitar os outros: educadores, funcionários, educandos e visitantes;
- zelar pela higiene e apresentar-se com roupa adequada ao ambiente escolar;
- contribuir para cooperação, bons relacionamentos, solidariedade e senso de justiça.

– Questões legais que atingem a convivência na escola e na sociedade em geral:

- é contra a lei agredir o outro;
- é contra a lei roubar;
- é contra a lei destruir a propriedade ou os bens da escola;

- não trazer álcool, drogas ou material que possa ser usado para violência;
- não se comportar de modo ameaçador ou coação.

– Exemplos de possíveis regras de convivência:

- não usar palavrões e não ofender os outros;
- cumprir os horários estabelecidos;
- no horário da escola manter-se no recinto escolar;
- no fim do dia escolar ir onde a família indicou;
- informar ausências, de preferência com antecedência;
- vir para a escola com material necessário; livros, cadernos, canetas etc.;
- fazer as tarefas de casa;
- manter o ambiente limpo e organizado;
- manter o celular desligado ou guardado coletivamente;
- manter silêncio na biblioteca e devolver material emprestado no tempo definido.

Consequências de quebrar as regras

As consequências devem fortalecer o aspecto humano, as riquezas humanas no infrator. Alguns exemplos:

– o infrator repara o possível dano que causou;

– o professor ou orientador faz *diálogo de valorização com ele;*

– o professor ou orientador faz *diálogo de desenvolvimento com ele;*

– o infrator pode escolher alguma das seguintes alternativas:

- ajudar um outro aluno na matéria em que ele tenha mais dificuldade, por exemplo, uma hora por semana durante quatro semanas;
- acompanhar num processo de apoio individual de ensino a outro aluno dando suas ideias sobre como o professor poderia melhor passar a matéria e como o aluno poderia melhor aproveitar o ensino;

- ajudar um funcionário na limpeza, organização, arrumação, nos trabalhos da horta, fora do horário do ensino;
- embelezar e arrumar a sala de aula ou outro recinto da escola;
- fazer um trabalho social, como por exemplo, fazer companhia e ajudar uma pessoa (velha, doente, criança) na comunidade;
- preparar e introduzir algum tema interessante para discussão em sala de aula;
- organizar algum evento cultural, esportivo ou uma visita.

Se isto ainda não o ajuda suficientemente, a turma aplica o método *Como lidar com desafios em coletivo pelo fortalecimento da maioria.*

Limites extremos

– conscientização da problemática com os responsáveis; formalização de uma ocorrência documentada e assinada pelos responsáveis;

– a chegada para a escola pode ocorrer somente com a presença de um responsável;

– ensino à distancia com tempo determinado sem poder participar das aulas;

– suspensão temporária da escola;

– suspensão definitiva da escola conforme a legislação em vigor.

A hipótese básica é que a maioria quer razoável ordem e tranquilidade para poder estudar e desfrutar de amizades no ambiente de escola.

Na Escola Estadual de Ensino Médio Nova Sociedade em Nova Santa Rita, RS, na escola piloto, foi elaborado um tipo de contrato entre os responsáveis e a escola com o seguinte teor:

> Senhores Pais
> Para o bom andamento das atividades escolares é importante que os pais e educandos fiquem cientes das *Normas Gerais de Funcio-*

> *namento e Convivência* na Escola. Solicitamos que destaquem e entreguem à escola o canhoto abaixo assinado.
> Cabe ao Educando:

– Ser pontual em todas as atividades escolares;

– Zelar pela conservação do prédio, quintal, móveis, equipamentos e materiais da escola;

– Cooperar com a ordem e higiene do ambiente escolar;

– Tratar a todos com respeito;

– Cumprir compromissos escolares como temas, entrega de trabalhos e outras atividades.

Normas Gerais de Funcionamento e Convivência na Escola:

– Os educandos que faltarem em dia de prova, só as farão mediante atestado médico ou bilhete dos pais, sendo de responsabilidade do educando procurar o professor para apresentar esses documentos.

– O material do educando é de sua responsabilidade, devendo trazê-lo e levá-lo para casa ao final da aula.

– O dano a bens da escola deverá ser ressarcido pelos responsáveis pelo educando.

– O educando que precisar sair mais cedo deverá trazer bilhete assinado pelo responsável justificando sua saída. O bilhete deverá ser entregue à Direção da escola para que seja autorizado.

– A entrada e a saída do educando da sala de aula só ocorrerá quando o professor permitir.

– Em caso de agressão física a colegas ou funcionários, os pais serão chamados e o educando só retornará a escola, acompanhado pelos pais ou responsáveis.

– A escola não se responsabiliza pelos educandos ou pelo que possa acontecer fora do horário de aula.

– Após o recreio não haverá tolerância para o retorno à sala de aula.

– Os educandos só participarão de eventos fora da escola com autorização dos pais ou responsáveis.

> Eu, ____________________________________, responsável pelo educando ____________________________________, da série ________ estou ciente das Normais Gerais de Funcionamento e Convivência da Escola.
> Data e ass. do responsável ________________________________
> ____

Um contínuo desafio é incentivar a participação da comunidade e famílias na escola, inclusive na discussão sobre o conceito socialista do ser humano e suas relações, e na construção das normas de convivência.

> Quando pela primeira vez fui fazer um trabalho com um grupo de 60 jovens num instituto de formação do MST (Iterra, RS) onde eles tinham uma participação direta na condução de convívio, percebi, para minha surpresa, que eu não precisaria me preocupar com a paz de trabalho.
> Quando alguém na sala perturbava a concentração de uma forma clara, o estudante que era o coordenador do dia levantava a mão. Se isso não ajudava, ele se levantava e pedia silêncio para a concentração. Se isso não fosse suficiente, ele pedia para quem queria concentração se levantar. Se mesmo assim, a perturbação do ensino continuava, levavam o assunto para reunião do núcleo de base dos estudantes. Se isso também não ajudava, levavam o assunto para o conselho de acompanhamento pedagógico.

Como lidar com agitação, passividade, deboche, agressão

Diagnósticos, tais como "aluno problema", são estigmatizantes. Eles reforçam a colocação de carimbos e chama atenção para o problema, independente de ser preguiça, agressividade, agitação ou TDAH. O risco de um diagnóstico é que ele tende a se autoalimentar e coloca obstáculos para oportunidades de desenvolvimento.

Quando uma criança se comporta de forma destrutiva, os responsáveis se culpam. Mas eles não percebem que fazem isso com eles mesmos dentro do seu jeito de sentir e pensar. Os responsáveis se sentem culpados e criticados. Mesmo que o professor não tenha intenção de criticá-los, os responsáveis se acham criticados pelo professor. Por isso, quando eles vêm para a escola, estão numa atitude de defesa, e partem para o ataque, criticando e culpando o professor por tudo.

Nesse momento, seria bom que o professor que os recebe pudesse deixá-los se expressar escutando ativamente, e depois perguntasse: "Uma situação como esta desperta provavelmente muitos sentimentos. E todos os sentimentos devem ser respeitados. O ser humano tem uma liberdade total de sentir. Gostaria de ouvir: o que vocês estão sentindo?" Mesmo que eles não aceitem bem a pergunta, podem perceber que o professor os respeita e aos seus sentimentos, e não está lá para criticar.

É bom lembrar que pais amorosos também podem ter filhos que se comportam de forma agressiva. Todo ser humano tem liberdade de escolha e responsabilidade, portanto, cada um de nós é um mistério.

Para poder lidar com os desafios de modo diferente do usual, levante e discuta com a turma os pensamentos básicos sobre o ser humano (cap. 2). Use estes princípios como pano de fundo e mantenha-os sempre visíveis, por exemplo, no quadro de avisos da sala.

O interesse do educador nos sentimentos dos alunos significa um grande respeito por eles, e assim ele inspira o respeito nos alunos. Aceitar os sentimentos, obviamente, não significa que não se deve impedir uma pessoa de agir agressivamente. Uma das muitas maneiras de o educador demonstrar seu interesse e respeito pelo sentir dos educandos é, de vez em quando, pedir a eles para entrarem na sala e colocar um sinal em cada linha do quadro:

Sentimento	Muito	Pouco
Curiosidade e alegria		
Coragem e iniciativa		
Indiferença		
Descontentamento		
Revolta ou raiva		

Depois que todos tenham entrado na sala e olhado os sinais, pode-se fazer uma observação de como a turma está se sentindo, sem nenhuma crítica ou avaliação, só como simples constatação. Pode-se modificar a tabela, por exemplo, colocando outros sentimentos e pedindo sugestões aos educandos como criar novas maneiras de trabalhar e conscientizar-se sobre o sentir. Veja também *Respeito pelo sentir.*

A seguir, há cinco exemplos de situações comuns de desafios. Neles é aplicado o método *Diálogo de valorização.*

Exemplo 1: comportamento perturbador

Tomamos como exemplo o caso em que o educando não se concentra, exige atenção e perturba os demais. Sua inquietação o impede de avançar nos estudos e ele fica para trás dos outros. Ele provavelmente sente-se pior do que os outros e foge da consciência disso através de agitação e atos agressivos. Aplique o *Diálogo de valorização*, talvez com seguintes passos:

– se você, professor, está ansioso, frustrado ou com raiva, você deve parar e sentir o seu sentimento. Pare, respire, use um tempinho para se respeitar no seu modo de sentir. Concentre seu foco no seu sentir desligando-se das causas. Depois reflita sobre você, talvez suas expectativas irrealistas ou sua tendência de julgar. Talvez você queira mudar o aluno, mas não tem o poder necessário;

– observe e respeite o estado emocional do aluno. Se ele está ansioso, irritado ou cansado, procure perguntar e falar sobre o sentir dele de uma forma aberta. Você pode dizer: "Pode ser que você esteja se sentindo frustrado ou descontente. Será que é verdade?" Seu objetivo é levá-lo a perceber que você está realmente respeitando o sentir dele e está interessado nisto. Evite sempre a pergunta "por quê?";

– reforce a consciência sobre as riquezas humanas nele. Se ele, por exemplo, tem dificuldade de concentração, usando o princípio de crítica invertida, você pode dizer: "Você desperta em mim consciência de alegria, iniciativa e concentração". Faça-o em diferentes situações com respeito, para que ele possa começar a confiar em você. Tente despertar a sanidade nele em vez de focar nas dificuldades;

– se necessário, você talvez possa esclarecer como ele rejeita as riquezas humanas nele: "Você tem senso de concentração, mas às vezes sinto que você se concentra em muitas coisas ao mesmo tempo e aí se dispersa". Para um estudante que despreza tudo, você pode dizer: "Você tem conhecimentos e habilidades, mas você os subestima, às vezes, ao ponto de negar o direito de usá-los". Ou: "Suas exigências sobre você mesmo impedem seu contato com seus conhecimentos e riquezas".

Exemplo 2: passividade

Um aluno (ou seu colega de trabalho) está frequentemente cansado e parado, talvez falando que nada o interessa. O cansaço sem ação é uma consequência da pessoa sentir tantas exigências, que ela reage com resistência e revolta interna contra ser exigida, sem perceber que é ela mesma que exige, critica e julga a si mesma. Nessa luta interna, ela se cansa e se desmotiva:

– em primeiro lugar, verifique o que você sente perante o aluno. Se você sente insatisfação ou aborrecimento, aceite e respeite o seu modo de sentir, para poder respeitar você mesmo, e assim poder respeitar o seu aluno;

– pergunte sobre o cansaço dele, pedindo que o descreva, não colocando o foco nas causas. Deixe-o perceber que você tem total respeito pelo cansaço dele e o deixe à vontade para falar como tudo é chato e desinteressante. Repita algo que ele fala para que ele perceba que você realmente o está escutando, não fingindo que escuta. Não argumente contra ele. Você pode comentar: "Me parece que você sente tantas exigências em cima de você que isto o deixa revoltado e cansado. Você se exige muito e em seguida se opõe às suas exigências, é uma luta cansativa";

– reforce a consciência das riquezas humanas nele: "Você me faz lembrar coragem, respeito e interesse". Repita isto em algumas situações em várias modalidades, usando outras palavras;

– depois você pode combinar com ele para fazer o *Seguimento das realizações*. Você pode também combinar com outro aluno para ser o tutor dele nas matérias em que ele tem mais dificuldades.

Exemplo 3: arrogância

Um estudante age de modo arrogante, como se estivesse acima de todas as regras e boas maneiras. Ele não obedece, fuma apesar da proibição, fala desprezando os outros. Você pode dizer, por exemplo: "Percebo em você conhecimentos, aprendizagem e alegria, mas parece que você tem uma tendência a desprezar suas riquezas". Ou: "Me parece que você exige tanto de si mesmo que, se colocando tão alto, você acaba sentindo insegurança e frustração, e até inferioridade".

Exemplo 4: isolamento

Um educando é muito quieto e retraído, não tem amigos, parece deprimido. Ele parece muito negativo e tem pensamentos suicidas. Se você tiver oportunidade e tempo, tente se aproximar e ter uma conversa tranquila. Cuide do seu sentir. Converse de forma interessada sobre a situação dele. Se ele se abrir um pouco, pergunte sobre seus sentimentos, mas não suponha que ele fale sobre eles.

Esteja presente, sem críticas e expectativas. Quando ele começar a confiar que você o aceita, ele talvez vá se abrir num terceiro encontro. Use tempo suficiente para focar nos sentimentos, para que ele saiba que você o aceita como é, exatamente nos sentimentos dele. Em seguida, reforce a consciência das riquezas humanas nele. Repita o contato várias vezes, talvez durante meses. Não espere resultados, esperar resultados se torna exigência que bloqueia uma possível abertura.

Exemplo 5: deboche

Se Carlos debocha de Maria, Maria pode lembrar o pensamento básico que diz: "aquilo que você faz com o outro, você está fazendo consigo mesmo no seu sentir". Deboche vem de um sentir deboche que, lógico, atinge primeiramente a pessoa dele. Maria fala: "Carlos, me parece que você está se desvalorizando, dando talvez todo poder às suas dificuldades".

Se a turma já tem o espírito de responsabilidade coletiva, Maria não precisa falar nada. João escutou o que Carlos falou e diz: "Carlos, me parece que você está se desprezando injustamente". E Selma ao lado reage falando: "Eu também acho isso, Carlos". Talvez Pedro continue falando: "Carlos, o que você está sentindo?" Assim Pedro coloca a atenção no ponto central, no sentir de Carlos.

Se o professor está vendo deboche na sala, ele pode agir parando o ensino, indo para o quadro de avisos da sala e apontando o papel com o conceito sobre o ser humano, lendo a frase: "aquilo que você faz com o outro, você está fazendo consigo mesmo". O professor vai continuando a aula sem criticar ou censurar os debochadores, ele vai só despertar a consciência coletiva sobre o ser humano.

Como lidar com agressão

Se você percebe que o outro pode agir com a violência, procure agir com especial respeito (equilíbrio) para não provocá-lo desnecessariamente.

A agressividade tem seu fundo inicial no medo, no se sentir injustiçado e humilhado talvez já na infância. Esta pessoa ficou com a percepção de que a vida e as outras pessoas significam perigo. Uma parte das pessoas desenvolve agressividade como principal defesa ficando num constante estado de luta e guerra.

Elas se sentem ameaçadas e inferiores às outras e sem perceber desenvolvem uma estratégia de querer se mostrar superiores e mais importantes que as outras pela força física ou pela habilidade de manipulação emocional.

A pessoa agressiva tem uma forte necessidade de ser aceita e respeitada por outros, sendo que ela não foi respeitada e assim aprendeu a não se respeitar. Ela é uma pessoa com muita necessidade de ajuda, talvez até mais que uma pessoa depressiva, já que pode ser perigosa para outras. É difícil não entrar na energia negativa que transmite e agir com respeito, é muito difícil. Mas este é o nosso desafio. Qualquer repressão à pessoa dela só aumenta sua agressividade.

Primeiro, quando um estudante age com agressão física, o professor, ou na melhor das hipóteses, a maioria, age com respeito para impedir sua ação:

– concentre sua atenção para impedir a ação destrutiva do outro, não em sua pessoa;

– fale, por exemplo: "pela lei (para mostrar que a regra vem fora da sua decisão ou da escola) é proibido bater". Fale com energia positiva se possível. Se for necessário, explique brevemente os motivos para isto. Evite repetir a mesma coisa;

– não o critique, só se concentre para impedir a ação dele;

– não entre numa bate-boca;

– numa situação de emergência, pode ser útil falar com muita força até com raiva, mas mesmo assim com respeito;

– ele estando furioso, pergunte de modo respeitoso sobre o que ele está sentindo. Foque nos sentimentos e ouça atentamente as possíveis justificativas dele;

– se o outro agir de maneira ameaçadora, violenta, encare-o com muito respeito (para evitar qualquer provocação desnecessária). Peça ajuda quando for necessário;

– não exija solução; não julgue;

– numa briga não pergunte quem começou:

- fale com cada parte separadamente. Não tente formar um tipo de paz entre eles. Respeite a liberdade deles se pedirem desculpas espontaneamente. Converse com os dois lados separadamente e deixe eles refletirem sobre sua maneira de sentir e reagir;
- pesquise e avalie os possíveis motivos da agressividade. Peça ideias e sugestões a cada um deles sobre como lidar com esses tipos de situações no futuro. Discuta e demonstre quais benefícios a pessoa pode ganhar por meio de uma mudança no agir;
- evite conduzir a situação para um conflito tipo: perdedor – ganhador. Isto só leva à vingança mais tarde;
- se a briga tem tendência de continuar, aplique com os participantes, separadamente, por exemplo, Mudança de hábitos de ação – motivação positiva ou para reforçar a responsabilidade coletiva, Como lidar com desafios em coletivo sempre usando o conceito socialista de ser humano como pano de fundo (cap. 2). Veja também Como lidar com conflitos.

> Num dia de manhã eu estava em uma viagem para ministrar formação na periferia de Porto Alegre. Na sala da direção nos reunimos com a diretora, o vice-diretor e supervisora pedagógica para planejar o programa do dia. A porta estava aberta para o corredor, onde as crianças corriam, gritando alegremente.
> Um menino de cerca de oito anos parou na porta. Ele olhou fixamente para nós por um tempo, então ele correu até mim, me pegou pela cintura e me abraçou forte. Fiquei surpreso, e nossa conversa parou. Senti que era melhor deixar o menino ficar aí o tempo que

ele queria. Depois de um tempo, ele se soltou e olhou para mim longamente e, em seguida, saiu correndo. Eu senti ternura e gratidão, senti que ele era uma criança muito afetiva ao receber um estranho com tanto carinho.

Durante o dia, encontrei o menino no corredor algumas vezes e paramos para conversar. Eu disse algo gentil para ele, e ele quase não disse nada. Na parte da tarde as crianças foram para casa e o encontrei novamente. Ele me abraçou e eu disse que iria sentir saudades dele.

Eu continuei a formação com os professores. No final do dia, nós falamos sobre como tínhamos progredido com a aplicação do método. No final perguntei quem era este menino. Um dos professores bufou: 'Ah sim, o Lucas, ele é um verdadeiro monstro. Sua professora tentou fazer de tudo para se livrar dele'. Um outro professor continuou: 'Ele é completamente impossível, ele ataca qualquer um, quantos for. Ele provoca a todos e é extremamente agressivo. Ontem, eu tive que impedir fisicamente a classe de linchá-lo'.

Ouvi com atenção e perguntei como é a vida do menino em sua casa. Um dos professores disse: 'Ele vive na periferia da cidade, em um casebre sem amenidades. As necessidades se faz ao ar livre e não existe nem um pouco de higiene. Alimento só tem ao acaso. A mãe é prostituta e recebe os clientes no único cômodo da casa. Ninguém sabe nada sobre seu pai'. Eu senti tristeza e indignação, e disse: 'Esse menino precisa de disciplina e limites, ou de amor?' Os professores responderam: 'Amor! Certamente entendemos isso, mas muitas vezes simplesmente não há tempo para o amor. A falta de amor é curada por disciplina. Para problemas difíceis, queremos soluções imediatas, e o problema só cresce.

Perguntei ainda: 'Não seria mais importante despertar a verdadeira natureza deste menino, a sua humanidade, em vez de se concentrar em sua agressividade?' Eu, obviamente, recebi uma resposta afirmativa. À noite, saí da escola, tinha lágrimas nos olhos e senti muita gratidão e alegria por ter oportunidade de conhecer esta pequena pessoa. Ao mesmo tempo, senti forte indignação e uma grande necessidade de fazer alguma coisa.

Como lidar com o caos da turma

Estava no lançamento do livro da professora Maarit Korhonen, *Koulun vika*? (*Culpa da escola?* Helsinki: Editora Into, 2012). Ela disse que 70% do tempo na aula não é usado para o ensino, mas para manter alguma ordem. Lembro-me do diretor de uma fábrica de tratores me ter dito que mais da metade do tempo na empresa é usado para tratar problemas pessoais e só o resto usado para assuntos de produção. Escolas e fábricas têm os mesmos problemas nas relações humanas; crianças e adultos são a mesma gente.

O que fazer quando há caos na classe, quando os alunos estão fazendo barulho, se divertindo juntos, ou discutindo, e quando ninguém percebe o professor ao entrar na sala de aula? É uma pergunta difícil, porque geralmente queremos uma solução que funcione imediatamente. Você pode usar algo das ideias a seguir:

– *Comece primeiro sempre sobre o seu sentir:* evite insistir em ter controle, em vez disto, procure ter contato. Antes de entrar na sala que você, pela experiência, sabe que está numa confusão, não espere outra coisa. Pare para sentir o que está sentindo, talvez angústia, frustração e impotência.

Respire fundo algumas vezes e se concentre só no seu modo de sentir. Lembre-se, somos livres no sentir. Se desligue das causas e observe só a sua frustração procurando aceitá-la. Desfaça as exigências de se livrar de seu sentimento de impotência, e de resolver o problema. Assim você se respeita, e pode seguir em frente com talvez algumas estratégias a seguir.

– *Pergunta sobre os objetivos:* pergunte à classe no início do semestre: quem não quer ter a nota aprovada para avançar para a próxima série, levante o braço. Em seguida, pergunte quem quer avançar. Mostre o mesmo respeito para todos que responderem. Não critique ou menospreze de forma alguma aqueles que não desejam passar de ano.

Com isso, você quer simplesmente saber qual é a vontade que prevalece na classe, dos objetivos dos alunos em relação ao ensino e demonstra que não tem expectativas que facilmente se tornam exigências nas cabeças dos mais revoltados.

– *Respeito:* ande respeitosamente pela sala, não diga nada. Observe com respeito o comportamento dos educandos, para que eles comecem a notar isso. Aos poucos o seu respeito talvez passe para eles e, então, eles podem começar a respeitar a si mesmos, e como consequência, a você.

Use o tempo que a situação requeira e esteja ciente de que talvez esta abordagem possa não funcionar. Não entre em qualquer disputa de poder, pois é precisamente isso que os alunos mais agitados querem.

– *Interesse:* antes de entrar na sala prepare uma pergunta interessante e surpreendente que você faz individualmente a um estudante na primeira fila, como se não houvesse outras pessoas na sala. Não dê nenhuma atenção aos outros. Inicie uma discussão com o educando.

Quando os outros mais perto veem que vocês estão em uma conversa interessante, eles podem também querer participar. Assim, cresce o grupo de discussão e talvez, boa parte da sala entre na conversa. Prepare-se para usar bastante tempo e pensar com antecedência sobre a pergunta que você irá usar para começar.

– *Pergunta sobre paz de trabalho:* você também pode perguntar quem não quer paz de trabalho e concentração e quem quer. Divida a classe em três grupos:

- os que não querem paz no trabalho;
- os que querem paz no trabalho;
- os que não têm opinião.

Coloque o grupo 2 perto de você no meio da sala de aula, e coloque os outros espalhados ao redor. No ensino, dê atenção para o grupo 2, de modo que eles se sintam respeitados por você, e ao mesmo tempo percebam que você continua respeitando os grupos 1 e 3, deixando eles agirem como querem, mas impedindo ações muito destrutivas (de preferência com a responsabilidade coletiva). Talvez um ou outro dos grupos 1 e 3 vão se interessando pelo ensino vendo que você não entrou na armadilha de querer ter controle.

– *Introdução da democracia participativa:* discuta sobre democracia, questionando a democracia representativa (que é facilmente manipulada pelos poderes alheios da democracia) e despertando interesse para a democracia participativa.

Pergunte a eles sobre como lidar com situações problemáticas na sala. Peça para eles se reúnam em grupos e preparem sugestões, ou escrevam individualmente num papel. Não desvalorize nenhuma ideia. Leve-os a perceber a importância que você dá para que a maioria possa sentir liberdade e responsabilidade, e para que se manifestem quando ocorre algo contra sua vontade, *Organização da democracia na turma*.

Como lidar com *bullying* – prevenir, impedir e conscientizar

É sinal de coragem quando uma pessoa maior agride uma menor? É sinal de coragem quando um grupo ataca uma pessoa? Se não, é sinal de quê?

Por que bullying?

O *bullying* é uma ação repetitiva e persistente de desprezo, humilhação, discriminação ou agressão física, com o objetivo de magoar e atacar o outro. Como ninguém de nós é santo em nenhum aspecto, todos temos, em algum grau, condutas de negação. Não dá para eliminá-las totalmente. Por isso, a solução não é regulamentar, condenar e punir, mas é importante prevenir e impedir ações agressivas e conscientizar o agressor.

Lidar com o *bullying* não é fácil: ele é, muitas vezes, um fenômeno oculto. É inclusive muito difícil de determinar se um ato é *bullying* ou não. Nestes casos, as agressões podem ser sutis, e ainda mais doloridas no aspecto psíquico, sendo muito difícil comprová-las.

Os valores anti-humanos embutidos nas estruturas do poder provavelmente são a maior causa para fomentar agressividade e indiferença pelos outros. Vivemos num ambiente de competição, egoísmo e desprezo pelo sofrimento humano e pela natureza.

A nossa forma de organizar o trabalho por meio da relação empregador-empregado é alienante, humilhante e deprimente. Os países com maior poder bélico atacam outros por causa dos seus interesses econômicos e políticos, com desculpas mentirosas como a defesa da liberdade e democracia, ou a defesa de seus próprios cidadãos mundo afora. O colonialismo cruel continua por meio de corporações transnacionais. Toda essa injustiça afeta os valores e hábitos de sentir das pessoas e povos em geral.

Em função de motivações comerciais e de alienação, os programas de TV, filmes e jogos expõem violência e humilhação como uma coisa cotidiana, banalizando e promovendo todo tipo de barbárie. Estes valores perversos influenciam fortemente as cabeças das crianças e adultos. Os seres humanos, os povos são moldados pelas estruturas onde eles vivem.

Numa sociedade justa e solidária provavelmente não haveria violência e humilhação. Se queremos realmente prevenir e lidar com o *bullying* em suas raízes, devemos concentrar nossos esforços em transformar a nossa sociedade capitalista, de modo que o poder tenha como base e objetivo principal garantir amor e alegria entre as pessoas e povos, a felicidade humana com incondicional respeito à natureza, em vez da maximização do lucro. Esta é uma luta de longo prazo.

Sobre a necessidade do agressor fazer bullying

Quem age com maldade tem problemas graves consigo mesmo. Ninguém pode sentir felicidade genuína fazendo mal. Quem prejudica outros, pratica algo ruim dentro de si. A pessoa pode sentir prazer (perverso) ao ver o sofrimento do outro, mas isso não tem nada a ver com a felicidade humana, ao contrário.

Em geral, o intimidador é tido como mais "forte" que o intimidado. Mas não é preciso ter coragem para maltratar os mais fracos, ao contrário, esta atitude é um sinal de fraqueza e medo. O intimidador sofre de insegurança e medo. Mas ele tenta esconder isto por meio do seu comportamento agressivo.

Agressividade tem sua origem sempre no medo. Este medo não precisa ter causas ligadas ao momento atual; a origem do medo pode estar no passado, por exemplo, na infância. Medo que não foi respeitado, mas que em vez disto foi reprimido, e no seu desespero a criança sentiu a agressão como melhor defesa.

Para tentarmos entender a vida psíquica do agressor, podemos refletir sobre seus empecilhos, como hábitos negativos de sentir, atitude de censura, idealização, inveja e egoísmo de seguinte forma:

– *Sentimentos negativos* são sinais de ausência de amor. O agressor sente medo, revolta, inferioridade e injustiça, e ele tenta de todas as maneiras abafar a consciência dos seus sentimentos, negando, assim, a sua existência (o ser humano é a sua consciência). Daí surge necessidade dele buscar desesperadamente a confirmação de sua existência, atacando os outros, a fim de chamar a atenção (amor) de outros. Agressividade dá *status* social numa mentalidade de competição e é dessa forma que o agressor pode "existir" perante os outros e a vida.

– *Atitude de censura* é revelada quando o agressor se identifica com seu objeto. Ele percebe a incerteza do outro e identifica-se com ele (espelho psíquico). Ele odeia a consciência de sua incerteza e reage agressivamente aos que a despertam. Outro exemplo de identificação é entre os que têm costume de ofender o outro utilizando termos pejorativos para se referir a sexualidades dissidentes. Quem costuma se valer desse artifício demonstra muito interesse pela homossexualidade (as bocas falam daquilo que os corações estão cheios).

Identificação também pode existir por meio de um fator contrário. Se alguém se concentra no estudo e trabalho, isso pode despertar uma percepção no agressor de como ele se impede de usar as próprias habilidades e oportunidades, aí ele reage atacando o outro, atacando a consciência que o outro despertou.

Quando alguém de alguma forma se diferencia da massa, como as minorias, as pessoas mais inseguras se sentem ameaçadas e podem reagir com agressão à consciência despertada atacando esta pessoa (a minoria).

– *A atitude de idealização* pode ser um fator no caráter do agressor. Como ele se sente inferior, ele tenta fazer tudo para poder se sentir "melhor", superior. Agredir outros pode dar uma sensação falsa de superioridade.

– *Inveja* significa não querer ver algo bom, belo ou a própria felicidade. Quando a pessoa está consciente da alegria e oportunidades, ela reage querendo evitar e destruir isso. O que ela faz com os outros é consequência do que ela faz dentro dela consigo mesma.

– *Egoísmo ou egocentrismo* é sempre um ingrediente necessário numa pessoa que agride outros. Ele tem dificuldade de sentir simpatia, compaixão e solidariedade com o sofrimento dos outros. Ele aprendeu durante a sua vida a se esforçar para endurecer o seu coração, e sofre com isso.

Os colaboradores da intimidação/agressão têm problemas semelhantes aos do agressor ou têm medo de serem submetidos à agressão. A passividade é uma manifestação de participação; a inação contra a agressão significa dar poder para o agressor.

Como prevenir bullying pela conscientização

Prevenir o *bullying* significa desenvolver a compreensão sobre o ser humano. Dentro do coletivo são levados em discussão conceitos sobre o ser humano e suas relações com os outros, estudando o cap. 2, *conceito socialista de ser humano*, dando especial destaque ao que segue:

– *Todo ser humano tem total liberdade de sentir, mas liberdade limitada de agir.* Portanto, esta liberdade é para ser respeitada mesmo se tratando de medo, inferioridade ou agressividade que o agressor e a vítima possam sentir. Se a vítima se sente humilhada, furiosa e com medo, os sentimentos dela devem ser respeitados e não abafados por conselhos e tentativas de desviar o sentimento. Claro que alimentar sentimentos ruins, remoê-los, é uma atitude de autoagressão, mas assim mesmo deveria ser respeitada. Com isto, você ajuda a vítima a respeitar sua liberdade de sentir, sentir a liberdade é libertador.

– *Todos nós somos espelhos internos entre nós.* O agressor sente insegurança, culpa e medo além de revolta e raiva, sentimentos que podem ter se tornado um hábito dele sentir e, agora, uma parte da sua personalidade. O agredido sente os mesmos sentimentos de modos diferentes e com causas diferentes, e ambos são um espelho interno mútuo nos seus modos de sentir.

– *Tudo que faço com o outro, estou fazendo comigo mesmo no meu interior.* Quando esta percepção é despertada no coletivo, fica evidente que debochar, humilhar ou agredir perde seu poder psicológico no coletivo. Esta é a maneira mais eficiente e rápida de prevenir e desfazer a cultura de deboches e agressões.

– *O ser humano é a sua consciência:* ninguém vai agredir o outro se realmente aceitar a consciência de sua vontade em fazer algo mal. Para poder agredir o outro você precisa necessariamente reprimir a sua consciência, reprimir a si mesmo.

De fato, quando o agressor age, ele está negando a si mesmo, e assim agredindo a sua própria essência. Fazendo assim ele se sente ameaçado e agredido, e o fato de negar a sua consciência causa um sofrimento para ele mesmo. É por isso que ele pode se tornar tão furioso, entrando num círculo vicioso de energia negativa de raiva, até chegar ao estado psicótico (quase totalmente fora da realidade), que pode até matar a pessoa que mais ama.

– *O mal só pode ser curado com o bem.* Portanto, uma humilhação ou agressão não se cura com humilhação ou agressão, isto é só alimentar a maldade. Uma agressão se lida impedindo-a com responsabilidade coletiva (amor coletivo) e conscientização do modo de sentir na vida, treinamento em boas ações e valorização das riquezas humanas, por exemplo, usando *Diálogo de valorização.*

Se você sofre assédio sexual ou algo difícil de ser identificado pela falta de testemunha, você pode, por exemplo, levar o assunto na próxima reunião do coletivo, e falar sobre o incidente sem identificar alguém. Falar abertamente sobre isso mostra que você não tem necessidade de esconder o assunto e que você não está em conluio com o agressor. Se alguém lhe pergunta quem é, você pode responder que, como você não tem prova, não adianta falar pois ficará palavra contra palavra. Como o assunto tornou-se conhecido coletivamente, isto funciona como uma prevenção à futuras tentativas.

– *Como prevenir e impedir* bullying *pela responsabilidade coletiva*

Para prevenir o *bullying* de modo definitivo deveríamos em essência revolucionar profundamente os valores e princípios de desamor do sistema econômico e social.

Na escola, é impossível para os seus trabalhadores observar tudo o que acontece, assim como a polícia não tem recursos para prevenir e impedir os atos ilegais na sociedade. A maioria das pessoas provavelmente discorda do *bullying.* A maioria quer justiça. Uma estrutura social que promove a solidariedade mútua e a responsabilidade coletiva é a base para prevenir e impedir ações destrutivas. Veja o cap. 5, *Organização da democracia na turma – igualdade e solidariedade.*

Quando um aluno durante um recreio tenta bater em outro, o primeiro a ver chama os outros e juntos impedem a agressão da melhor maneira possível. Em um coletivo que pratica a democracia direta, você sente que não é só do professor (diretor, coordenador) a responsabilidade de lidar com o *bullying* ou qualquer outra atividade destrutiva que seja.

Na verdade, somos orientados para a direção oposta. A polícia pede ao público para não reagir para evitar expor-se ao risco. Quando você testemunhar uma agressão, cuide primeiramente de si mesmo. Esta filosofia egocêntrica pertence aos valores da estrutura econômica. Por isso, no comércio, bancos, escritórios e lugares de atendimento público há mais e mais guardas privados. Segurança é um negócio de grande lucro, portanto, importante para poderes econômicos.

> Quando ia ensinar um grupo de 60 jovens numa instituição de formação do MST (Iterra) onde eles introduziram a democracia direta, percebi, para minha surpresa, que eu não precisaria me preocupar com a paz de trabalho.
> Quando alguém da turma perturbava a concentração de uma forma clara, o estudante que era o coordenador levantava a mão. Se isso não ajudava, ele se levantava e pedia silêncio para a concentração. Se isso não fosse suficiente, ele pedia para quem queria concentração se levantar. Se alguém tinha dificuldades especiais para se controlar, levavam o assunto para reunião da equipe de estudantes. Se isso também não ajudava levavam o assunto para o grupo de bem-estar dos alunos.

Como lidar com a vítima

Se Pedro debocha de Maria no coletivo, Manuel, que pratica a responsabilidade coletiva, reage dizendo: "Pedro, você está se desprezando". Selma ao lado: "Penso de mesma maneira, você está se agredindo agora". E talvez Paulo continue: "Pedro, o que você está sentindo?"

A vítima precisa de apoio e ajuda. O professor, coordenador ou um amigo pode numa conversa individual refletir sobre o acontecimento pelo *Diálogo de valorização*.

Como lidar com o agressor

Ninguém pode sentir verdadeira felicidade ao machucar o outro. Pode sentir um prazer perverso no sofrimento do outro, mas isto não tem nada a ver com felicidade. Quem bate no outro é geralmente fisicamente mais forte. Atacar alguém mais fraco não requer coragem. Agressão é na verdade um sintoma de incerteza e fraqueza. O valentão tenta parecer forte e seguro e obter cúmplices para o seu lado.

Um agressor precisa da ajuda de seu coletivo para estar ciente de como ele age principalmente contra si mesmo. Você, como coordenador, amigo ou professor, pode aplicar o *Diálogo de valorização.*

Ao lado disto, se for necessário, você ou coletivo pode aplicar as consequências descritas anteriormente em *Organização da turma para responsabilidade coletiva.*

Se a maioria do coletivo tem dificuldade de lidar com as situações de agressão, pode-se aplicar o método *Como lidar com os desafios em coletivo pelo fortalecimento da maioria.*

> Estava fazendo uma formação no internato de agricultura orgânica (Instituto Educar). Foi-me dito que no grupo tinha garoto grande de 17 anos que era agressivo com os outros e que até os trabalhadores do instituto tinham medo dele.
>
> Comecei o trabalho e, em um momento oportuno, perguntei aos educandos: 'É um sinal de coragem que alguém maior ameaçe outro menor?' Eles responderam: 'Não'. Perguntei: 'É sinal do quê?' 'Covardia, fraqueza!' Eu continuei: 'É sinal de coragem quando várias pessoas batem em uma pessoa?' 'Não, isso é covardia!' Eu deixei o grupo pensar por um momento sobre a resposta. Eu senti que a classe pensou sobre o assunto com sensação de libertação.
>
> Houve uma pausa, e os estudantes saíram. O rapaz em questão veio ameaçadoramente para mim, emplumado provocativamente. De uma forma respeitosa, eu lhe disse algo casual e ele saiu. Na parte da tarde, ele voltou para mim durante uma pausa, agora com uma atitude completamente diferente, com respeito. Ele disse que tinha dado muita atenção ao que eu disse. Ele disse que tinha recebido a mensagem e pensou em mudar seu comportamento.

Educação recíproca entre pais e filhos, entre menores e seus responsáveis

Toda criança ao nascer espera ser recebida com aceitação, alegria e amor. Este é seu direito natural e fundamental. Todos os responsáveis amam e querem o bem para os que estão sob seus cuidados. Mas com o seu desequilíbrio (empecilhos) acabam, às vezes, fazendo mal a eles. A tal ponto que Gabriel Garcia Márquez (escritor colombiano, Nobel de Literatura, 1927-2014) sugeriu que se fundasse uma *organização mundial das crianças em defesa contra seus pais* e escrevesse um manual para que elas ousassem se defender dos adultos. Os responsáveis oprimidos (e todos somos) têm a tendência de oprimir os próprios tutelados.

A essência da educação é a reciprocidade e a democracia. Os responsáveis aprendem com os tutelados da mesma forma que os tutelados com os seus responsáveis. Quando a criança manifesta algum problema, os responsáveis deveriam sentir humildade e interesse de pesquisar o problema dela com diálogo aberto, e lembrando o tempo todo da importância da valorização do ser dela.

Sabemos pela experiência que no casamento não dá para mudar o outro, mas dá para mudar o próprio jeito de lidar com o outro. O mesmo vale para a educação da criança. Se seu método não está dando certo, mude definitivamente o seu jeito. Resumindo, nunca espere que o outro mude, comece sempre por você, mude a sua maneira de lidar com o outro.

Alguns desafios ou problemas

– *Educar pelos sentimentos negativos:* nós, adultos, muitas vezes usamos emoções negativas tais como descontentamento, irritação, raiva, rejeição e tristeza como meios de conduzir o comportamento da criança, como se isso fosse educá-la.

A criança sente as emoções negativas da mãe ou do pai como algo ruim, um perigo. Ela quer evitá-las. Descontentamento, irritação e rejeição são muito desagradáveis e a criança não quer isto. Ela pode tentar fazer todo o possível para que os responsáveis não reajam com irritação e rejeição (que o responsável não beba, ou que os familiares não briguem). De certo modo, ela está tentando controlar o modo de sentir dos responsáveis, e mesmo fracassando, continua insistindo.

Isto pode se transformar num jogo de manipulação mútua dos sentimentos entre menores e seus responsáveis. Eles estão usando sentimentos como meio de poder.

Se os responsáveis ficam facilmente bravos, o problema pode crescer de maneira que a criança sinta uma exigência de conseguir evitar isto. Assim ela aprende a reprimir também a consciência da irritação e raiva dos responsáveis, e do seu próprio medo e raiva. Ela pode desenvolver um hábito de se comportar bem mesmo sentindo angústia e amargura. Ela não é mais ela mesma, mas um ser oprimido. Este conflito interno pode mais tarde se tornar um dos fatores para desenvolver alguma doença física, depressão e/ou agressividade.

– *Risco de elogiar:* é mais difícil perceber como um costume de elogiar e idealizar a criança pode, às vezes, levar a um problema grave. Elogiar alimenta egocentrismo e superioridade. Elogiar é uma maneira de avaliar e assim carimbar a pessoa, como a crítica também é. O elogio, especialmente quando generalizado e exagerado, é sentido no fundo como algo mentiroso e humilhante. O hábito de elogiar cria expectativas irrealistas a serem cumpridas, que se tornam exigências bloqueando o desenvolvimento livre da criança, e podendo acabar em automutilação e depressão.

Quando o jovem se sente humilhado em ser elogiado, pode reagir com insegurança, indignação e raiva. Ele sente simultaneamente amor e raiva pelos pais, e assim, amor e ódio passam a "andar juntos" na vida psíquica dela. Li uma frase que ficou na memória, elogiar é colonizar. Mas creio que elogiar implica menos riscos que criticar.

– *Criticar* a pessoa da criança envolve alto risco de causar o sentimento de não aceitação. Este sentimento se torna facilmente uma rotina interna dela, passando a sofrer de baixa autoestima e se sentir inferior e rejeitada. Pode-se orientar a criança mostrando as consequências dos atos, mas focando nos atos e não na pessoa. A criança é muito sensível e leva muito a sério o que os responsáveis falam, mesmo que, por fora, finjam que não escutaram nada.

– *Crença na disciplina*: nas escolas e famílias se acredita nos limites e exigências. Nós condenamos e punimos. Isto significa uso de poder baseado no medo. Assim reprimimos o crescimento humano em vez de ajudar o jovem a crescer pela conscientização.

– *Competição:* na sociedade e no trabalho consideramos a competição como uma coisa óbvia; assim educamos a criança para a desigualdade, a inveja e o egoísmo.

– *Exigências e avaliação:* exigências, prêmios, elogios, crítica e notas de avaliação transferem a atenção da criança da execução do trabalho para as consequências e resultados. Tiramos da criança o prazer da realização. Ela não está presente naquilo que ela faz. Isto baixa a motivação natural de estudar e trabalhar, que são os campos onde o ser humano pode se sentir realizado. Estudar e trabalhar se torna uma prestação e não uma alegre realização.

– *Superproteção* é uma conduta dos responsáveis que se preocupam de modo excessivo pelos tutelados. Os responsáveis querem saber aonde vai, com quem anda, se já fez isto e aquilo, se está agasalhado ou não. Eles fantasiam o pior possível e se previnem exageradamente, eles sufocam os menores com cuidados. É uma atitude de sufocar a alegria, a liberdade e o desenvolvimento deles.

É uma situação complicada para os menores lidarem, não é fácil perceber e aceitar a necessidade de controle dos responsáveis. Muitas vezes os responsáveis aprendem a controlar os menores com chantagem emocional, o que na vida adulta é uma causa comum no desenvolvimento de doenças físicas e psíquicas.

– *A omissão* em conduzir o filho, não estabelecer regras e discutir consequências. Às vezes isto significa uma conduta de simples indiferença, às vezes uma conduta de medo que os responsáveis têm perante possíveis conflitos. Quando responsáveis estão sempre no trabalho, o menor sente isto como uma falta de amor, ele não aprende a confiar no amor, se sente menosprezado e rejeitado. Portanto, ele fica facilmente "perdido" na vida. Ausência de amor causa decepção, descontentamento e possível revolta com a vida.

– *Reprimir* e censurar qualquer erro ou falha acaba gerando medo e tensão constantes. Por se tratar de uma atitude injusta, ela causa revolta generalizada nos menores. Revolta que, posteriormente os responsáveis podem estranhar e que leva a se perguntarem: por que meu tutelado é tão revoltado sendo que tem tudo que precisa? Às vezes, a conduta autoritária se manifesta numa obsessão de tentar aniquilar a vontade da criança, o que é muito revoltante e injusto.

– *Máscara:* o menor pode se comportar em casa, mas depois desconta na escola ou no coletivo, na sociedade, ou com outros. Ou ao contrário, a criança ou o jovem pode tentar esconder sua revolta reprimindo a consciência de seu descontentamento, o que resulta num comportamento excessivamente concordatário, uma autonegação crônica. Paulo Freire afirmava: dentro de todo oprimido há um opressor (pode-se entender: auto-opressor).

– *Mimo*: atender todas as vontades da criança pode desenvolver nela a conduta de birra e choro para conseguir o que quer. O jovem pode se tornar mais egocêntrico e narcisista manipulando outros sempre querendo ter poder e vantagens. Estas pessoas são difíceis para si mesmas e para o coletivo.

– *Espelho interno entre pais e filhos, menores e seus responsáveis:* as emoções de irritação, raiva, frustração ou ansiedade são normalmente sintomas de censura da consciência. Os responsáveis se recusam a admitir, a ver os problemas dos menores. Os adultos se idealizam, se achando mais perfeitos do que são e, portanto, idealizam seus tutelados. Os menores aprendem fazer a mesma coisa, idealizam os responsáveis que tem e quando são obrigados a perceber os problemas deles, reagem com rejeição e/ou raiva. Aí se cria um conflito doloroso entre as pessoas que mais se amam.

Educação dos menores deve basear-se no amor

Amor significa aceitação, carinho, paciência, alegria e tempo para ficar com a criança, escutá-la e se abrir para ela, brincando e trabalhando com ela, do modo que ela quer. As crianças gostam muito quando podem fazer coisas úteis com os responsáveis, seja cozinhar, lavar louça, cortar lenha, cuidar das plantas, construir brinquedos, seja ajudar no trabalho dos adultos. Elas querem que os responsáveis contem histórias, leiam livros juntos, querem passear e conhecer outros lugares. Amor é convivência com respeito e gratidão.

Amor significa impedir ações destrutivas (= limites) de forma justa e respeitosa. As consequências não deveriam ser punitivas, mas conduzir para a prática de boas ações. Um "não" sem amor é uma agressão.

Amor significa incondicional respeito pelo sentir da criança, nunca proibir ou mandar sentir algo, sempre ter curiosidade de ouvir sobre o seu sentir. Amor significa incondicional valorização do ser da criança sempre despertando a consciência das riquezas humanas nela. Amor significa ter compaixão e compreensão dos empecilhos da criança, não criticá-la sobre suas dificuldades, mas ajudá-la a compreender e aceitar seus empecilhos. Aceitando a consciência dos empecilhos, ela sabe lidar com eles e pode até libertar-se deles pelo menos parcialmente. Não focar nos problemas, focar em despertar a sanidade dela para que a sanidade possa curar a doença.

> Estava numa cooperativa no sertão de Sergipe durante uma atividade de dois dias. Percebi que a turma tinha muito respeito por um companheiro que eles chamavam de professor de adestração

de bois de carga. No final da atividade tivemos um tempo para conversar e pedi para ele me mostrar os bois.

Fomos para o curral. Ele pegou duas cordas, se aproximou de um boi, laçou a corda nos chifres dele, e fez o mesmo com um outro boi. Com jeito, ele juntou os bois um ao lado do outro. Ele olhou para o chão, achou um pauzinho, e o colocou no ar, no meio dos bois, acima da cabeça deles. Começou a movimentar o pau para frente e para trás, para a esquerda e direita, e os bois como magnetizados seguiam o pau. Ele falava: pata para trás, pata para frente, e o boi fazia.

Perguntei se ele precisa pegar o boi desde pequeno para ensiná-lo. Ele falou que não; perguntei quanto tempo ele precisa para educar o boi, e ele falou dois ou três meses. Perguntei também se ele consegue isto com todos os bois e ele disse que não. Perguntei quanto tempo ele precisa para saber que este boi não serve, ele falou de duas a três horas.

Ele falou que quando o boi ainda não aprendeu uma nova coisa, não se pode reprimi-lo. Se ele já aprendeu e comete erro, aí pode chamar a atenção dele, mas com respeito. Quando o boi está nervoso, não pode fazer nada com ele, é só esperar ele se acalmar, falando manso e sempre repetindo o nome dele.

Perguntei como são os nomes destes dois bois. Ele falou Consciência e Paciência. Depois fiquei sabendo que todos os bois de carga do assentamento tinham estes nomes. Creio que ele quis que os donos deles lembrassem destas duas palavras sempre quando estão lidando com os bois. As palavras mágicas da educação!

Sexualidade

Assim como ocorre com outros aspectos das relações humanas, é provável que nossa compreensão sobre a sexualidade seja profundamente deturpada e repressora. O sistema social é perverso em relação ao amor e ao sentir; por um lado, criando ilusões e, por outro, reprimindo o sentir, além de usar a sexualidade como técnica de manipulação comercial, fomentando o machismo e fazendo do corpo humano uma mera mercadoria, objeto de uso e de consumo.

Nos dias atuais, o corpo, enquanto construção social, é visto de maneira parcial, dualista e hierárquica. Precisamos superar a fragmentação e ambiguidade – descuido e hedonismo – que tornam os corpos adorados, idolatrados e descartáveis. Fetiches são criados a tal ponto que o "corpo real" das pessoas cede espaço ao "corpo imagem". Por sua vez, o descuido – decorrente da visão de que os corpos são descartáveis – pode ser observado na deterioração da qualidade de vida das pessoas.

No caso da sexualidade, indissociável ao corpo, ocorre também que ela muitas vezes é supervalorizada, levando as pessoas a ter expectativas grandiosas sobre o ato sexual. As expectativas se tornam exigências e causam insegurança e impotência, portanto, sofrimento.

Frente a essa situação, precisamos gerar um movimento em prol de relações sociais novas, alicerçadas no respeito, no diálogo, na solidariedade e na reciprocidade. Trata-se de uma mudança significativamente política, pois significa mudar radicalmente as estruturas de poder.

Uma possível pauta para discussão sobre os temas:

– medo de contato, medo de ser rejeitado;

– por que o amor é tão difícil?;

– o que a outra pessoa tem para que você se apaixone justamente por ela?;

– quando é para melhorar o relacionamento ou separar-se?

- amor e sexo,
- atividade hormonal e sexualidade,
- homossexualidade e outras minorias,
- planejamento familiar – prevenção,
- masturbação,
- prevenção de doenças sexuais,
- problemas comuns de atividade sexual,
- questão de gênero,
- como falar com os menores sobre sexualidade.

Como lidar com a educação das relações sexuais entre menores e seus responsáveis é uma eterna pergunta. A relação sexual no sentido físico é parte essencial e natural da vida e convivência. Quando duas pessoas se amam, podem sentir no ato sexual uma união e integração tão intensa que sentem que se tornaram um só, e ao mesmo tempo, unidos com todo o universo.

O corpo é visto como ponto de interseção entre tempo e espaço, confluência de razão e emoções, de sentidos pessoais e inter-relacionais, matéria e espírito. Por sua vez, o ato sexual, representa a união e integração entre as pessoas, fundada no amor.

Como introduzir o método na sala de aula e na escola

Quando se começa o trabalho de introdução do *método de valorização humana e social* vamos evitar ter exigências de saber usá-lo. A exigência causa um bloqueio que impede a tentativa de falar e treinar o método. Comece com leituras, discussões coletivas e especialmente com experimentações coletivas em pequenos passos, e evitando expectativas de ter resultados.

É bom sempre lembrar que temos uma forte tendência de reproduzir os métodos capitalistas (competir, exigir, classificar, premiar, punir...) em nossas relações de poder, seja na educação, motivação, liderança e cooperação. Somos educados na repressão, e assim nos tornamos repressores. Precisamos de uma mudança radical nas nossas relações. Precisamos desenvolver uma incondicional valorização humana, social e da natureza. A pessoa que se sente valorizada sabe valorizar os outros e a si mesma.

Comece por introduzir os pensamentos básicos sobre o ser humano. Discuta-os com os membros do coletivo, seja uma turma na escola, seja uma cooperativa ou outro. Durante a discussão, evite responder às perguntas. Tente, em vez disto, devolver as perguntas criando novas perguntas ou pedindo sugestões e ideias da pessoa que perguntou ou do coletivo em geral. Use o diálogo socrático, em que sua tarefa é desenvolver a discussão do conhecimento, criatividade e consciência dos participantes.

Incentivar os núcleos de base a estudar e discutir os textos do método em suas reuniões. Reservar um tempo nas reuniões do coletivo e nas assembleias gerais para discutir sobre o tema.

Explique que o princípio do método é lidar com a turma com respeito e valorização incondicional, inclusive respeitando todos os sentimentos em cada um, seja de alegria, entusiasmo, seja de insatisfação, tristeza ou raiva. Você quer contato e não busca ter o controle. Você vai enfrentar os conflitos e brigas sem tentar julgar ninguém ou buscar bodes expiatórios. Em vez disso, você quer discutir com as partes individualmente, ouvi-las e refletir juntos sobre como cada um lida com estes tipos de conflitos.

Explique que todos nós temos as riquezas humanas dentro de nós, e seu trabalho é trazê-las à tona. Explique que seu objetivo é introduzir maximamente a democracia participativa para criar um ambiente de igualdade e solidariedade. Você quer evitar conscientemente a comparação e competição entre eles.

Organize o coletivo para decorar o ambiente de estudo e trabalho com cartazes do método, especialmente com o quadro *conceito socialista de ser humano.* Sugira à turma fazer arte e desenhos sobre os pensamentos básicos com participação de todos. Criar dinâmicas, teatro e outras formas de apresentação sobre os pensamentos básicos do conceito (Anexo 1).

Realizar um processo de inserção no início de cada período de planejamento (nas escolas, no início de cada semestre) dos trabalhadores/educandos no espírito de valorização e democratização, usando *Comprometimento pela valorização.*

Integrar as ferramentas do método nas atividades diárias do coletivo, no estudo, trabalho, lazer e mística.

Intensificar e aprofundar a democratização do coletivo de modo constante. Definir quais assuntos pertencem à democracia e quais não temos poder para alterar (leis, normas). Definir e aumentar a autonomia de cada setor do coletivo. Delegar sistematicamente a resolução dos problemas e conflitos para o próprio coletivo/turma/pessoa, sempre incentivando a autogestão.

Talvez formar um grupo de trabalho para planejar e coordenar a introdução e aplicação do método. Esse grupo pode se tornar um tipo de equipe de monitores sociais que aprende a lidar com situações quando há companheiros em crise, em depressão, dependência química, dificuldade de concentração no estudo ou trabalho, agressividade etc.

Cuidar que a organização do coletivo esteja bem definida com o organograma no quadro de avisos, fácil de ser vista e consultada. Definir e manter atualizadas as atribuições de cada setor, e disponíveis para consulta. Discutir coletivamente, pelo menos uma vez por ano, a missão e finalidade do coletivo, e traçar uma estratégia com esta base.

6. APLICAÇÃO DO MÉTODO NAS COOPERATIVAS

Nos capítulos anteriores foram apresentadas as bases e princípios gerais sobre relações humanas e cooperação no espírito de valorização humana e social, com o objetivo de fomentar a transformação das estruturas de poder e as práticas cotidianas apresentando ferramentas operacionais. Neste capítulo são abordadas algumas questões específicas ligadas à cooperação em cooperativas.

Relações humanas e cooperação – responsabilidade coletiva

Cooperar significa agir juntos com vistas a um fim comum. Cooperação oferece a possibilidade de aprender a se relacionar mais conscientemente com outros e desenvolver um maior autoconhecimento. Significa aprender a agir para o bem coletivo mesmo contra a própria vontade, se submetendo ao desejo da maioria.

A cooperação é um objetivo desafiante: ela intensifica as relações humanas, expõe os conflitos de forma mais concreta, uma vez que os membros da cooperação têm uma dependência mútua. Se na cooperação alguém não trabalhar direito, isto afeta diretamente os outros, levando a uma tendência de certa vigilância mútua, o que tem aspectos positivos e negativos.

Um desafio grande à cooperação é o fato da estrutura de nossa sociedade ser baseada em valores opostos a ela, tais como: ânsia de lucro em tudo, competição, exploração, superficialidade e individualismo, em nome de uma falsa liberdade.

O MST, na contramão da sociedade, aplica os princípios de igualdade e solidariedade na sua própria organicidade através da democracia participativa nos núcleos de base, conforme descrito no capítulo *Organização do coletivo para responsabilidade coletiva*. O capítulo 4 apresenta várias ferramentas de valorização coletiva que, juntamente com as ferramentas de valorização humana do cap. 3, contribuem para:

- maior sentimento de valorização, alegria e companheirismo no trabalho;
- que os jovens assimilem o trabalho na cooperação como um campo atraente de realização do seu ser;
- todos "vestirem a camisa da luta" que demonstra um comprometimento no nível do sentir;
- formar equipes unidas que "puxam para a frente", aceitam erros e dão incentivo aos mais necessitados;
- criar um espírito de cumprir o combinado sem precisar fazer cobrança;
- desenvolver um método de "avaliação" que realmente ajude companheiros com dificuldades e reforce a união do coletivo.

No MST também se aplica o princípio de rotatividade de funções e representatividade igualitária no aspecto de gênero. É importante que todos tenham a oportunidade de aprender e exercitar a função de coordenador ou liderança. Como as pessoas sociavelmente mais ativas têm maior tendência de acumular poder e se perpetuar nele, e considerando que o poder tem a tendência de "subir à cabeça", é importante cuidar para que ninguém fique na mesma função por muito tempo.

Desafios práticos de cooperação e maneiras de lidar com eles

No capítulo1 foram abordados alguns desafios comuns de cooperação nas relações humanas, e refletimos sobre como a nossa rotina, que reproduzimos das estruturas de poder, torna os problemas crônicos.

Historicamente aprendemos a nos relacionar e educar na base de ter poder, poder de exigir e, portanto, premiar ou reprimir. Isto leva à formatação do comportamento do ser humano, resultando em alienação e submissão. Tornamos as crianças e os adultos inseguros, ansiosos e/ou agressivos, reduzindo a alegria, curiosidade e coragem. A formação comum é repressiva e provoca revolta contra os sistemas de poder, como é compreensível.

No item *O modo normal de lidar com desafios torna os problemas crônicos,* observamos como há uma necessidade fundamental de aprender a lidar com os desafios de modo não repressivo. Chegamos a uma proposta genérica no item *Como lidar com problemas pela valorização,* que coloca o nosso modo de lidar com dificuldades de ponta-cabeça. Temos as seguintes propostas:

– procure ter contato em vez de controle. Procure respeitar o seu modo de sentir e se interessar pelo sentir dos outros. Todo ser humano quer ser visto e respeitado especialmente no seu sentir. Reconheça seu próprio estresse – respeite a si mesmo;

– desfaça exigências de solução e planeje uma nova maneira de lidar com o problema, com foco nas riquezas humanas e possibilidades. Não dê poder para problemas. Não coloque o foco nos erros. Não lute contra algo errado, mas a favor de algo bom, bonito e justo;

– em vez de mandar, procure incentivar, conscientizar e valorizar;

– desfaça gradativamente o uso costumeiro de competição, elogios, crítica e avaliação. Reforce as riquezas humanas (sanidade) em todos. Evite definitivamente criticar a pessoa. A saúde reforçada tem tendência de curar a doença. Valorize pessoas e coletivos incondicionalmente;

– lembre que cada ser humano é diferente, tem uma base genética e psicossocial diferente, não espere a mesma desenvoltura e resultados de todos;

– aplique princípios de democracia participativa (direta) para fortalecer continuamente a igualdade e solidariedade, em outras palavras, a responsabilidade coletiva. Incentive o coletivo a se organizar para tomar iniciativas e lidar com os problemas para o bem da maioria.

No item *Desafios da cooperação humana*, foi apresentada uma lista de desafios de cooperação. A seguir vamos refletir sobre alguns problemas e aprofundar as ideias de como lidar com eles. Primeiramente focamos em algumas questões gerais de relações humanas na cooperação e, no item seguinte, as questões específicas à coordenação.

Desafios gerais

– *Medo:* há quase vinte anos atrás, a primeira atividade para a qual fui chamado foi numa cooperativa do MST com produção coletiva, cujos integrantes viviam em uma agrovila. A cooperativa estava prestes a desmoronar em função de conflitos internos, divisão do grupo e descontentamento.

Nas conversas informais, individuais e em grupo ficou evidente que muitos membros do grupo tinham um medo generalizado, principalmente de se expressar nas reuniões do coletivo. O medo era como um sentimento estruturado nas pessoas, fato compreensível se pensarmos no histórico do povo explorado e humilhado que faz a luta pela terra. Como o povo, com frequência, tenta esconder e negar o próprio medo, isto causa ainda mais medo e pode se transformar num círculo vicioso, o medo do medo.

Então, o primeiro passo foi simplesmente falar sobre o medo para torná-lo algo aceitável e não algo vergonhoso e proibido. O objetivo era levar o coletivo a se permitir sentir o medo que estava sentindo, e respeitar seu hábito de sentir medo. Quando o sentimento é proibido, ele se torna um poder oculto na pessoa ou no coletivo, desequilibrando a vida psíquica.

Foi um trabalho de três dias para conhecer a cooperativa e basicamente lidar com sentimentos. Entendi, pelos comentários posteriores dos integrantes, que esta atividade foi importante para que a cooperativa começasse a superar a sua crise.

– *Desconfiança em relação ao dinheiro:* num coletivo pode haver uma desconfiança geral especialmente em relação às pessoas que manuseiam o dinheiro (vendas, compras, tesouraria etc.). A desconfiança, possivelmente ligada à falta de transparência, corrói a motivação, causando descontentamento e desmotivação.

Percebendo a desconfiança, é hora de cuidar da transparência. Mesmo que os sócios não tenham interesse e paciência para entender a contabilidade, eles são orientados a entender cálculos simples de saldo, entrada, saída, entrada a prazo, saída a prazo, saldo previsto, situação financeira a longo prazo em virtude de empréstimos, rentabilidade de cada atividade de modo fácil e concreto. Deve-se sempre cuidar e valorizar o trabalho do conselho fiscal.

A desconfiança é um sentimento importante de ser abordado na reunião do coletivo, admitindo e permitindo sentir desconfiança e desmotivação. Como primeiro passo, procurar incentivar os sócios a falarem e discutirem só sobre o seu sentir na situação. Após o clima se tornar favorável, planejar ações para entender e desenvolver as práticas de transparência.

– *Setorização:* por exemplo, um setor de trabalho se acha mais importante que os outros e se comporta de modo autossuficiente, causando desmotivação nos outros, que entram numa certa defesa conflituosa. Isto corrói a união e pode dificultar o planejamento entre os setores, causando prejuízos econômicos também.

O primeiro passo pode ser discutir no coletivo sobre o fenômeno de setorização de modo geral, suas formas de se manifestar, possíveis causas e sentimentos que gera. Discutir o fenômeno geral sem focar na questão real da própria causa.

Se a setorização é resultado de uma luta pelo poder, há necessidade de fortalecer e aprofundar as práticas da democracia descritas no item *Igualdade resulta na responsabilidade coletiva* desenvolver o uso de ferramentas de valorização (cap. 4) e aprofundar a compreensão sobre o conceito socialista do ser humano (cap. 2). Elevando o espírito de igualdade e solidariedade, pode-se desfazer a setorização.

– *Desonestidade no trabalho:* uma pessoa inventa doenças para se ausentar do trabalho e fazer o que quiser; alguém vai para o local de trabalho mas usa o seu tempo para outras coisas, ou alguém marca horas trabalhadas de modo desonesto. Criticar a pessoa desonesta não leva a nada, além de conflitos e tensões. É necessário desvendar os atos desonestos e preveni-los da melhor maneira possível.

Na situação de desonestidade, e todos nós temos isto em algum grau, é possível discutir sobre o conceito socialista do ser humano (cap. 2) para despertar sentimentos de honestidade (ética) e solidariedade, aprofundando especialmente a compreensão sobre os seguintes pensamentos básicos:

- o ser humano é essencialmente a sua consciência. Quando ele tenta negar sua consciência, acaba negando a si mesmo e causando sentimentos de angústia, medo, insegurança e inquietação. Ele vive numa atitude de fuga da consciência tendo, com o decorrer de tempo, maior necessidade de usar "remédios" como álcool, cigarro, comida ou medicamentos. Uma pessoa que já desenvolveu uma rotina da negação da honestidade em si mesmo nem percebe bem a angústia e incômodo que sente, pois estes sentimentos se tornaram uma rotina. Ela perde o contato com a sua felicidade genuína, mesmo se achando esperta e sentindo prazer na malandragem;
- aquilo que você faz com os outros, você está fazendo consigo mesmo. Mentindo para os outros, você está mentindo a si mesmo, você corrompe o seu próprio coração e sofre por isto. A honestidade é uma pedra fundamental da consciência, e ao distorcê-la, o ser humano transgride a si mesmo.

Ao lado disto, pode ser necessário reforçar a responsabilidade coletiva (item *Como lidar com desafios pelo fortalecimento da maioria*), para que os sócios ajudem uns aos outros a prevenir e impedir atos desonestos, inclusive identificando quais "situações podem estar fazendo o ladrão".

Seria interessante, também, propor discussões sobre as vantagens de conviver num coletivo onde prevaleça a confiança mútua e as vantagens de viver num coletivo onde a desonestidade domina, para poder comparar as vantagens entre destas duas alternativas, seguindo analogia do item *Mudança de hábitos de ação pela conscientização do bem*.

– *Culpar os outros:* como os trabalhadores rurais fazem parte da classe explorada e marginalizada, eles são vítimas verdadeiras de injustiças e humilhações. Isto pode contribuir para uma conduta de vitimização, que os leva a colocar a "culpa" dos problemas próprios e do coletivo sempre em questões externas, por exemplo, no capitalismo. Torna-se mais difícil admitir os próprios erros e falhas.

O capitalismo, por sua vez, faz de tudo para colocar a culpa dos problemas no povo, alegando que o povo é tão alienado que não tem condições de participar nas decisões. Mas é o próprio capitalismo que faz de tudo para alienar os povos do conhecimento e do poder de participação. Culpa o povo pelas dificuldades que o próprio sistema cria, e os políticos corruptos que o próprio capitalismo corrompeu. Reclama dos sindicatos, sendo que a necessidade de formá-los surgiu para que a classe trabalhadora pudesse se defender contra as injustiças do sistema. Colocar a culpa nos outros e conduzir o sistema social a reprimir os sentimentos é a tática dos sistemas de poder para que os povos não reajam perante as injustiças estruturais. Todos nós somos vítimas disto.

Pode-se levar para discussão do coletivo o fenômeno de que temos muito medo de reconhecer nossos erros e incapacidades; que temos aprendido a reagir punindo e condenando os outros e nós mesmos pelos erros. Que aprendemos isto desde que nascemos, e que agora precisamos aprender a permitir falhar e a aceitar sentir a impotência conscientemente para podermos entrar em contato com a coragem, a ética e o amor que existem em todos nós.

Discutir os princípios de comprometimento pela valorização e treinar o uso das ferramentas de valorização (cap. 3).

Conflito entre coordenadores e coordenados – liderança solidária

É comum haver certo antagonismo entre coordenadores e coordenados nas cooperativas. Coordenadores se sentem impotentes, suas ordens ou orientações não são respeitadas. Eles sentem que não têm poder para cobrar. Têm muita dificuldade em fazer os companheiros cumprirem suas funções e isto pode criar uma situação em que ninguém quer ser coordenador.

Às vezes se comenta: "todos se sentem donos nos direitos, mas não nos deveres". Ou: "associados assimilam os vícios do dono e os vícios do empregado". Realmente é fácil reproduzir os papéis de patrão e empregado. O sistema capitalista nos ensina que o patrão faz o que quiser e o empregado tem que ser esperto para fazer o mínimo possível.

Pode acontecer que quando alguém se dispõe a coordenar e começa a se empenhar para colocar as coisas em ordem, no início a maioria apoie. Mas antes de começar a colher os frutos verdadeiros do trabalho, o grupo com conduta de inveja começa a mudar a sua posição, e em vez de ajudar nas mudanças, veladamente começa a "puxar o tapete" do coordenador. O grupo sente um certo prazer com a queda e humilhação do coordenador, mesmo que o próprio coletivo seja o mais prejudicado.

Para lidar com estas contradições, o coletivo pode aprofundar a discussão sobre os princípios apresentados no cap. 4, *Organização do coletivo para responsabilidade coletiva*. O texto reflete sobre o estilo de liderança necessário numa organicidade democrática chegando à conclusão que liderança solidária significa comunicar, integrar, ajudar, incentivar, valorizar e servir. Este estilo de liderança fomenta igualdade e solidariedade, em outras palavras, a autogestão e o protagonismo de todos.

Também pode-se aprofundar a discussão sobre o tema do item *Igualdade resulta na solidariedade e responsabilidade coletiva*, para fortalecer a ética e os valores de cooperação. E continuando a leitura coletiva, por exemplo, nos núcleos de base, pode-se incluir os textos *Temos liberdade total de sentir e pensar e liberdade limitada de agir*, e *Respeito pelo sentir*.

Um aspecto essencial no conflito entre coordenadores e coordenados pode ser refletido do ponto de vista do espelho interno, *Tudo que vejo no outro, de alguma maneira, existe também em mim*. Em todo coletivo há pessoas que têm mais iniciativa, elas tomam ou recebem o poder para "o barco não afundar". Tornam-se coordenadoras. Normalmente têm mais coragem, sociabilidade e iniciativa do que outros e, portanto, cuidam dos assuntos tipo comercialização, compra e contatos com bancos e outras entidades. Trabalham no escritório, em situação confortável, fazem e recebem visitas. O trabalho delas é variado, interessante e fisicamente leve.

Os coordenadores têm tendência a achar que estão "carregando os outros nas suas costas", sentindo certo descontentamento e frustração. Podem achar que os coordenados não trabalham o suficiente. Talvez pensem que se tivessem com seu próprio lote ou negócio, já teriam obtido mais sucesso na vida. Por isso, eles "tem um pé fora" da cooperativa, o que reduz a motivação e o comprometimento deles.

No outro lado do conflito, os coordenados fazem trabalho monótono e duro, muitas vezes debaixo de sol e chuva. Eles se sentem explorados, injustiçados e assim desmotivados. O descontentamento vai aumentando e eles começam a se sentir explorados, como se fossem empregados, e começam a agir em oposição aos "patrões", na pessoa dos coordenadores.

Nos dois lados há sentimentos bastante parecidos. Tanto coordenadores como coordenados se sentem injustiçados, indignados, revoltados, desmotivados e descontentes. No modo de sentir, os dois lados se assemelham e cada lado possui suas justificativas. Como o sentir é um tabu, assunto proibido, os dois lados reprimem seus sentimentos. Os dois lados são espelhos internos um para o outro no seu modo de sentir, fato que, não conscientizado, acirra o conflito e bloqueia a cooperação.

A situação pode ficar tensa e, inclusive, fica complexa porque os dois lados do conflito são conscientes que um depende do outro, mas não querem admitir esta consciência.

Para lidar com este bloqueio é necessário discutir sobre o conflito entre coordenadores e coordenados de modo geral, sem apontar ninguém. A compreensão do fenômeno abre a consciência sobre o bloqueio, desmantelando-o.

Como lidar com liderança autoritária e personalista

O coletivo tem a natural tendência de escolher para ser seu coordenador uma pessoa com coragem, iniciativa, contatos e conhecimento. O coletivo acredita na sua agilidade, coragem de falar em público e facilidade em tomar decisões. Às vezes, esta pessoa tem características problemáticas também, como ser manipuladora, autoritária e/ou personalista tomando decisões e ignorando os espaços democráticos de discussão com a base. Ela pode estar bem articulada na sua região ou Estado e, assim, ter muito poder social. Todo mundo tem medo de apontar os problemas dela, evitando cair num conflito e acabar perdendo seu próprio espaço. Não raro, logo depois o coletivo percebe a dificuldade de lidar com ela. (Esta reflexão pode ser aplicada em relação ao professor, parceiro, pai ou mãe autoritários, autossuficientes e egocêntricos).

O coletivo sente provavelmente medo, frustração e impotência, e reprime o seu sentir. Talvez o grupo não saiba como lidar com o coordenador, inclusive, por se colocar e sentir como dependente dele, já que nenhum outro membro no grupo demonstrou as capacidades que ele tem.

É possível que o próprio coletivo, ou você leitor, também tenha uma conduta autoritária em maior grau do que gostaria de admitir para si mesmo. Este hipótese fica confirmada se o coletivo, ou você, tem hábito de remoer e condenar a pessoa autoritária, querendo simplesmente mudar a conduta dele. Aí os dois lados estão se espelhando no aspecto do autoritarismo, que pode ser um fator significativo no acirramento do conflito.

É normal que uma pessoa autoritária tenha muita resistência em admitir as características de personalismo e autossuficiência nela, não adianta criticá-la. É importante ter paciência, pois o processo de trabalhar com ela é provavelmente longo, e é bom não esperar resultados a curto prazo.

O primeiro passo seria desfazer as expectativas de resolver o problema, e o coletivo (ou você) fazer uma mística do sentir, parando para refletir como o coletivo (ou você) está se sentindo perante esse desafio (*Temos total liberdade de sentir; Respeito pelo sentir* e *Como lidar com sentimentos negativos*). Isto teria que ser feito talvez num espaço informal sem a presença do coordenador ou a liderança da gestão. Quando uma boa parte do coletivo (ou você) começa a respeitar o próprio modo de sentir perante a situação é hora de planejar o próximo passo.

O próximo passo pode ser escolher uma ou algumas pessoas (ou você) para falar com o coordenador, seguindo a lógica do *Diálogo de valorização*. Primeiro perguntar, por exemplo, se ele sente que é ele quem tem que resolver tudo e correr atrás de muita coisa, que todos estão dependendo dele e se ele se estressa muito. Deve-se deixá-lo falar e reclamar o que quiser, pode-se repetir alguma coisa do que ele fala para ele perceber que você realmente escutou. Depois de ele ter desabafado, continuar perguntando o que ele está sentindo nessa situação. Se ele tem dificuldade de responder, oferecer palavras como frustração, estresse, pressão, talvez se sentir injustiçado e explorado.

Mesmo se ele disser que não se identifica com estas palavras, ele perceberá que os outros estão interessados no modo dele sentir, inclusive demonstrando objetivamente seu interesse, apoio e respeito. Isto tem o possível efeito de desarmar a provável defesa dele. Várias pessoas podem falar em ocasiões diferentes com ele, usando o mesmo formato, para que ele perceba que o sentir dele é do interesse geral.

Pode-se continuar, explicando que ele exige tanto de si mesmo que se lança em todas as tarefas, se estressando, podendo até ficar doente de estresse com o decorrer do tempo. Importante ouvir a si mesmo, os sinais e alertas que o corpo manifesta, para poder avaliar as prioridades e a própria conduta na vida. Talvez isto o leve a começar a refletir sobre si mesmo, sendo um passo para ele entrar em contato com o próprio equilíbrio.

Na sequência, uma pessoa ou o coletivo reforça a consciência das riquezas humanas nele, falando, por exemplo: "Sabe, você desperta consciência de empenho, interesse e amor". Ou talvez: "Você desperta consciência de agilidade, responsabilidade e humildade". Procurar falar sobre a riqueza humana que ele tem maior deficiência no seu comportamento. Despertando a consciência da humildade nele, pode levá-lo a se ligar mais com a humildade. Usamos aqui a crítica invertida.

Este é um processo que provavelmente deve ser repetido várias vezes, desde o início, com o coletivo (ou você), para que se aprenda a lidar com a pessoa autoritária e personalista sem perdê-la da coletividade.

Outra ação poderia ser uma reflexão numa reunião do coletivo, sobre o fenômeno da autossuficiência, sem apontar ninguém.

Quando alguém se acha superior ou se comporta de modo autossuficiente, está no fundo sentindo inferioridade. Quem não sente inferioridade ou insegurança não tem nenhuma necessidade de demonstrar ser superior aos outros. Autossuficiência e arrogância são sempre sintomas de insegurança e medo. Esta reflexão se aplica tanto no nível individual quanto no coletivo.

Como todos somos oprimidos e sentimos inferioridade, temos a necessidade de nos "levantar", e cada um faz isto a seu modo. A conscientização coletiva sobre as bases psicológicas da autossuficiência facilita ter maior tolerância e equilíbrio para lidar com essa problemática relativamente comum.

Vantagens da cooperação e vantagens do trabalho individual

O ser humano procura o bem do seu ponto de vista, mesmo que este bem seja algo ruim, distorcido em função dos empecilhos nele. Procurar o bem para si é a base da motivação e é importante que esta motivação seja conscientizada e respeitada.

Uma das formas de fomentar a cooperação é levantar e discutir coletivamente as vantagens da cooperação e as vantagens do trabalho individual, em outras palavras, as vantagens da não cooperação. A motivação para cooperar se dá mais pelo peso das vantagens das alternativas e não tanto pelo desejo de evitar as desvantagens.

Após a discussão, conduzir o grupo a elaborar um comparativo entre as vantagens gerais e econômicas, benefícios sociais e políticos entre as alternativas do trabalho coletivo e do trabalho individual.

Como exemplo, a seguir apresentamos uma lista das vantagens elaborada por um grupo que estava se preparando para tomar a decisão sobre formar ou não uma cooperação:

– Vantagens gerais e econômicas da cooperação:

- união das forças gera segurança (alimentação, saúde, aposentadoria, segurança física etc.) e política (instrumento de luta);

- aumenta o interesse dos jovens em ficar no campo e participar na luta pela reforma agrária popular;
- possibilita economia de escala;
- aumenta a produtividade de trabalho;
- cria maiores condições para investimentos (instalações, maquinário etc.);
- possibilita processos mais complexos de produção, industrialização e comercialização, inclusive exportação;
- facilita uma maior racionalização das máquinas e instalações e a introdução de tecnologias apropriadas ao trabalho e ao meio ambiente;
- possibilita especialização profissional;
- eleva o poder de negociação na hora de compra e de venda;
- cria maior possibilidade de diversificar as linhas de produção;
- facilita a troca de experiências e conhecimentos;
- facilita a discussão e conscientização sobre a ecologia.

– Vantagens psicossociais da cooperação:

- estimula a consciência social e individual e, assim, o crescimento pessoal;
- facilita a urbanização de moradias em agrovilas, o que reduz o isolamento;
- possibilita ensino e capacitação profissional e especialização diversificada;
- fortalece movimentos sociais possibilitando a liberação de militantes para atividades político-sociais;
- fortalece o sentimento de coragem;
- fomenta satisfação em relação à finalidade da vida;
- produz alegrias e amizades diversificadas e profundas;
- incentiva a capacitação profissional dos jovens e adultos;
- facilita a conscientização sobre a questão de gênero e sobre a educação dos filhos;

- há mais condições para organizar lazer e esporte;
- facilita a organização de transporte coletivo;
- não se pode com tanta facilidade esconder comportamentos destrutivos.

– Vantagens políticas de cooperação:

- reforça a resistência ao modelo capitalista de produção e aos seus princípios;
- fortalece a retaguarda do movimento de reforma agrária;
- proporciona formação de quadros de militantes de reforma agrária;
- facilita a conscientização política e social sobre a sociedade e sobre modelos alternativos;
- reforça a posição de articulação política;
- acumula forças para a transformação social e econômica.

Após a etapa de discussão, o coletivo foca em explorar e relatar todas as possíveis vantagens da não cooperação. Esta parte é igualmente importante em relação à discussão anterior.

– Vantagens gerais de não cooperação:

- processos de tomada de decisões são mais ágeis;
- a necessidade de planejamento e controles se reduz num só núcleo, numa família só.

– Vantagens psicossociais da não cooperação:

- não precisar tolerar conflitos de opiniões de um grupo maior;
- não precisar participar, às vezes, de reuniões chatas e demoradas.

– Vantagens políticas da não cooperação:

- Nada a declarar.

O coletivo reflete sobre as duas listas, discute abertamente a favor e contra. Amadurece a sua escolha e toma a decisão. Se a opção for a cooperação, o coletivo pode ainda fortalecer a motivação pesquisando textos disponíveis, depoimentos, experiências e organizar visitas e intercâmbio para coletivos similares.

Como lidar com resistências à cooperação

A nossa cultura capitalista é contrária à cooperação, ela fomenta o individualismo e a desconfiança. Vivemos numa concorrência acirrada em que cada um é inimigo do outro, portanto, não é de estranhar a resistência que as pessoas têm, até em, simplesmente, se reunir e discutir juntos.

A resistência à cooperação se torna visível desde a primeira reunião, e não é fácil motivar as pessoas a virem a uma reunião. A proposta é valorizar a presença das pessoas que vêm, não criticar as pessoas ausentes dando assim o poder para elas e desvalorizando os presentes, e preparar bem a reunião para que seja produtiva e agradável.

Nas discussões sobre resistência à cooperação aparecem as seguintes colocações:

– Questões práticas:

- o modelo da sociedade existente é muito diferente do cooperativismo;
- pode haver possível falta de transparência financeira e econômica;
- receio de que algumas pessoas mais autoritárias e personalistas tomem o poder sobre o grupo;
- falta de regras claras.

– Questões subjetivas:

- como cada um de nós tem tendência de acreditar que "eu sou melhor que os outros, eu trabalho melhor e com mais empenho", não vou querer me unir com pessoas mais passivas, não quero "carregá-las nas minhas costas";
- receio de se envolver com outros porque isto leva à conscientização do próprio individualismo, limitações e más intenções;

- comodidade e passividade;
- receio de mudanças na vida incluindo resistência em querer ter uma melhor qualidade de vida;
- cultura de querer ter vantagem em tudo, dificuldade de frustrar a própria vontade;
- repressão interna (medo e tensão crônicos) que deixa a pessoa bloqueada para se expressar e comunicar, receio de contato consigo mesmo e, portanto, medo de estar em contato com os outros.

As questões práticas podem ser trabalhadas e resolvidas tecnicamente, assunto por assunto, mas as questões subjetivas são mais complicadas. Normalmente, as pessoas não querem revelar sua desconfiança, seu medo e o seu sentir; para evitar isto usam outros tipos de argumentos ou se calam para resistir e enterrar a ideia da ação coletiva. A compreensão das relações humanas e dos empecilhos internos é um fator que pode abrir as mentes para a cooperação.

Para lidar com as questões subjetivas, estuda-se e discute-se o conceito sobre o ser humano, suas riquezas e seus empecilhos (cap. 2).

Às vezes se constata que o cooperado não se sente como dono do seu negócio. Nem poderia, porque a cooperativa pertence ao coletivo e não a ele (só), ele não é dono, mas sócio cooperado com direitos limitados. O coletivo é o dono (legal) do empreendimento. Sentir-se como proprietário pertence à filosofia capitalista e é contrário ao socialismo, em que a propriedade é coletiva.

Portanto, em vez de incentivar a sensação de ser dono, deve-se estimular o espírito de igualdade e solidariedade que são as bases de uma verdadeira união. A classe trabalhadora é explorada e submetida ao poder dos outros com o intuito de causar sensação de dependência do empregador. Em virtude deste histórico, um trabalhador comum tem falta de conhecimento, de uma visão mais ampla sobre empreendedorismo e medo de tomar iniciativa.

A melhor maneira de lidar com a resistência é desvendá-la, admiti-la, para não dar poder psicológico a ela, conversar sobre ela abertamente, com aceitação. Não "forçar a barra" para o lado da cooperação. Facilitar que, nas reuniões, as pessoas se manifestem a favor ou contra a cooperação.

No caso de um grupo desestimulado, que já teve experiências frustrantes de cooperação, é importante levantar detalhadamente o histórico do grupo, possíveis erros de administração e possíveis desvios de dinheiro no passado para poder criar um procedimento confiável de transparência, e assim, desfazer o poder dos sentimentos negativos.

O passado tem que ser bem esclarecido e servir como aprendizado para que o grupo possa ter a confiança mínima necessária para uma nova tentativa. No fomento à cooperação não se deve caçar os culpados para puni-los ou moralizá-los (se isto é necessário, deve ser feito num processo separado). Não se fomenta a cooperação julgando e condenando. Um fracasso é um importante aprendizado e não deve ser confundido com uma derrota final, e sim como um aprendizado.

Incentivando a cooperação

Fomentar a cooperação é fomentar a sanidade humana, a saúde psíquica, física e socioeconômica. A cooperação requer uma visão coletiva do que se pretende alcançar, fé no ser humano, no coletivo e nos ideais de uma sociedade mais justa e na possibilidade de uma vida mais feliz.

O texto a seguir é descrito para o público do MST, mas pode ser facilmente adaptado para qualquer coletivo que esteja com intenção de criar cooperação.

Quando um grupo de pessoas se une para a cooperação, seu sucesso depende bastante da sua finalidade. Se o objetivo da cooperação vai além dos interesses individuais (comumente na esfera econômica), o sucesso é mais provável. Se o objetivo é focado essencialmente no econômico ou nas vantagens pessoais, os conflitos, descontentamentos e desconfiança facilmente ganham muita força.

O grupo que tem um forte ideal social, político e ecológico, não se envolve tanto com "picuinhas" e intrigas de poder. Para prevenir isto, pode-se estudar *Comprometimento pela valorização* e *Organização do coletivo para responsabilidade coletiva*, além dos cap. 1 e 2.

Às vezes, a necessidade de cooperação é de curto prazo, como um mutirão, uma luta específica, a sobrevivência imediata, moradia; ou necessidades a longo prazo, como a luta pela reforma agrária e pela transformação social, da saúde, educação, produção coletiva, futuro dos jovens etc.

Se o objetivo é de curto prazo, a cooperação é temporária e acaba quando o objetivo é alcançado. Talvez isto explique o sucesso da cooperação na luta pela terra em acampamentos e ocupações. Mas quando o grupo consegue a terra, a motivação diminui para, por exemplo, formar uma cooperação de produção.

Preparativos e pesquisa inicial sobre a necessidade de cooperação

Para o estudo geral do tema você pode ler o material já publicado em vários cadernos do MST e o Manual de Acompanhamento das Empresas Sociais (MAE).* O primeiro passo do processo de fomento da cooperação é identificar quais são as pessoas com conhecimento da região, entrevistá-las para descobrir necessidades e possibilidades de cooperação. Posteriormente, avaliar o grau de organização dos grupos existentes e seu estágio de desenvolvimento. Manter um contato contínuo com a coordenação regional e estadual.

---

* Disponível em: consciência.se/br/acompanhamento.php.

Planejar visitas ao local após ter traçado uma estratégia com a direção estadual (setor de produção) e com a equipe da assistência técnica.

Contatar e conversar informalmente com as pessoas individualmente e/ou em grupo e com a liderança local durante, se possível, vários dias. Agir de modo aberto sem colocar suas próprias ideias para que a visão do grupo prevaleça. Fazer perguntas e anotações sobre:

- como é o histórico do grupo?
- levantar que necessidades, desejos e sonhos as pessoas têm nos campos social, político, ecológico e econômico (evitar influenciá-las, não colocar próprias opiniões);
- detectar com que tipo de produção/trabalho/cultura o grupo está acostumado;
- que tipo de atividade coletiva o grupo já considerou?
- como são os recursos naturais da região?
- que tipo de mercado é possível acessar?
- que tipo de produção, serviço ou comercialização é viável na região? listar alternativas de possíveis atividades coletivas;
- existe PRA (Plano de Recuperação do Assentamento) ou PDA (Plano de Desenvolvimento do Assentamento)? Qual é o seu conteúdo?
- se o grupo já vivenciou alguma situação traumatizante de cooperação, descrever esta ocorrência;
- procurar captar o estado do sentir do grupo, se há alegria, união, companheirismo e confiança entre si ou se há desconfiança, descontentamento, medo, agressividade, tristeza;
- mapear possíveis conflitos importantes;
- resumir os fatores de união do grupo.

Fazer um estudo e organizar discussões sobre o que é cooperação em suas várias formas usando textos e orientações existentes.

Procurar identificar pessoas que tenham mais interesse e necessidade pela cooperação, fomentar o interesse e a posição deles, procurar criar um grupo aliado de cooperação que toma iniciativa e que se torna cada vez maior e mais forte. Como ação estratégica, trabalhar pessoas potenciais uma a uma.

Analisar as informações, documentos, respostas, dados e conversas para poder começar a preparar um esboço da proposta de cooperação (vide conteúdo em *Riquezas humanas e empecilhos presentes em todos nós*) com várias alternativas para a discussão em núcleos de base e grupos informais para depois levar o assunto a ser debatido na assembleia a ser planejada. Procurar envolver a direção estadual e os técnicos na discussão.

A base psicológica da cooperação está na consciência, por isso, o seu despertar é essencial. O termo consciência engloba:

– consciência sobre o sistema econômico capitalista no qual quem tem mais capital (mais bens, dinheiro) tem mais poder. Nesse sistema, a democracia não se baseia na regra de que uma pessoa tem um voto, mas na regra de que um real (dólar, euro...) significa um voto; o poder reside no poder econômico;

– consciência humana e da dinâmica das relações humanas: por um lado, consciência das riquezas humanas presentes em todo ser humano, e de outro lado, consciência dos "limites" (empecilhos) no coletivo e individual. Como todos nós somos reprimidos, precisamos desenvolver o hábito de valorizar um ao outro, respeitar o modo de sentir de cada um e praticar o reforço da consciência das riquezas humanas, em vez de criticar, dar "broncas", humilhar e castigar.

Discutir os ideais da reforma agrária. Estes ideais podem ser resumidos de uma forma que toquem mais fortemente o sentimento da pessoa, que sejam mais fáceis de serem divulgados e lembrados, podendo também ser unidos com ideais mais amplos, tais como:

– democracia participativa (direta) na vida política e econômica; todos votam sobre assuntos importantes tanto na vida político-social quanto na vida econômica; todos – pobres ou ricos – tem a mesma condição de participar (socialismo de autogestão).

A democracia representativa é mantida para eleger os delegados para implementação das decisões e do planejamento estratégico definidos pela democracia direta;

- propriedade coletiva dos meios de produção, em contraposição à propriedade privada, que faz do trabalho assalariado uma forma de alienação e exploração;
- proteção da natureza, produção agroecológica de alimentos, fomentar produção e consumo local, soberania alimentar;
- instituição de um imposto internacional sobre transações financeiras (tipo taxa Tobin), para reduzir de imediato a força de especuladores, a ser usado para redução da pobreza mundial;
- garantir que todos os seres humanos tenham efetivamente o direito de morar e trabalhar onde quiserem, sem fronteiras entre os países.

Despertar e desenvolver durante o processo inteiro a consciência política e humana em todos os seus aspectos. Platão, um dos maiores filósofos ocidentais, na antiga Grécia (427-347 a.C.) desistiu de tentar realizar mudanças no sistema de poder por meio da política. Ele escolheu o caminho de educação, ou em outras palavras, da conscientização. As cooperativas ou a cooperação em si são uma grande escola de vida.

Preparação do plano de cooperação

Conforme a necessidade do grupo, escolher textos do *Manual de Acompanhamento de Empresas Sociais*, distribuir cópias e discutir os assuntos tais como:

- princípios e formas de organização do trabalho coletivo;
- regras essenciais de direitos e responsabilidades dos sócios;
- princípios de transparência;
- auditoria financeira.

Incentivar perguntas e dúvidas, ter tolerância e interesse com críticas e descontentamentos que os temas possam despertar. Observar e permitir as desconfianças e críticas sem dar poder essencial para elas. Concentrar a atenção nas possibilidades e riquezas que o grupo tem. Sentir o amadurecimento do grupo.

– Proposta inicial de cooperação

A proposta inicial de cooperação na área de produção, serviços ou comercial pode ter as seguintes questões abordadas:

- a escolha das atividades a se desenvolver, o que requer uma discussão sobre os assuntos:

a) a síntese das necessidades e dos desejos do grupo no sentido político, social e econômico;

b) no caso de produção, mapear recursos naturais da região;

c) a estratégia de comercialização.

- formulação do plano preliminar de negócio que engloba a visão geral de produção, comercialização, planejamento de recursos financeiros e outros, fluxo de caixa e resultados econômicos.

As propostas e ideias serão debatidas na assembleia tantas vezes quanto necessário e gradativamente é formado um plano de cooperação a ser colocado em discussão.

Ao lado disto, é necessário organizar a formação das pessoas envolvidas:

- formação política; ideais do movimento, princípios de organicidade, consciência política, socioeconômica e humana em geral etc.

- formação técnica; administração da cooperação, contabilidade, transparência, fator humano, produção coletiva etc.

- formação humana para desenvolver relações humanas e cooperação

– Plano de cooperação

Desenvolver o plano de cooperação para que ele tenha agora as seguintes informações:

- forma de organização do empreendimento;

- plano de produção;

- plano de comercialização;
- planejamento de instalações, maquinário e ferramentas;
- planejamento de aquisição de recursos financeiros;
- projeto econômico (manual de empresas sociais MAE, cap. 1);
- um organograma inicial;
- o fluxo de caixa.

Debater o plano na assembleia e, quando aprovado, organizar um grupo de coordenação para sua realização e acompanhamento, e à medida que se adquira novas informações e experiências, o plano será desenvolvido e detalhado. É essencial que se faça um esforço suficiente para que, se possível, todos no coletivo sejam conscientes do andamento do plano e envolvidos na sua execução.

– Planejar e organizar um acompanhamento conforme a necessidade do grupo.

É útil conhecer e cooperar com outras entidades que atuam em campo similar e tentar se ligar/unir com forças positivas como sindicatos, igreja, partidos políticos, prefeitura, Incra, vizinhos, ONGs etc. Por outro lado, é bom detectar e lidar com forças negativas para desvendá-las, no intuito de tentar neutralizar o poder que possam ter.

Além da cooperação, uma perspectiva que vem ganhando força no último período é a intercooperação, que significa a cooperação entre as cooperativas nos aspectos de troca de experiências e conhecimentos, cooperação na comercialização, troca de produtos, logística e atividades culturais, de lazer e de participação nas lutas populares. A intercooperação possibilita uma ação mais eficaz das cooperativas, o fortalecimento das capacidades de seus membros e o fortalecimento do potencial de ação das cooperativas. Ela é importante para fomentar a cooperação e irradiar o espírito de igualdade e solidariedade em toda sociedade.

Entrada de jovens na cooperativa

Os jovens, filhos dos cooperados, às vezes ouvem o comentário do pai: "Isto tudo é seu, meu filho", e ficam indignados porque sabem que não é tão simples assim. Eles não querem morar junto com os pais e desejam saber antecipadamente as regras de entrada e saída da cooperativa. Muitas vezes, os jovens não têm o histórico de luta e pensam em alternativas na luta pela terra. Por isto, se propõe discutir:

– a cooperativa: indique terrenos na agrovila, onde os jovens possam construir suas casas. O jovem de 15 anos, por exemplo, já deveria saber onde está seu terreno, podendo começar a plantar árvores e preparar a área do seu jeito, e quando completar 18 anos ela/ele já pode ter a ideia do projeto da sua casa;

– as regras de entrada, e especialmente as regras de saída na cooperativa devem ser claramente estabelecidas, para que o jovem saiba claramente seus deveres e direitos. Esses deveres e direitos devem ser claros antes da pessoa entrar na cooperativa para prevenir confusão e briga, caso alguém queira se desligar futuramente;

– quando o jovem arranjar uma companheira ou um companheiro, esta pessoa será bem-vinda para morar na agrovila, mesmo que não trabalhe na cooperativa ou no assentamento. Os direitos, no sentido de poder trazer seu companheiro ou sua companheira devem ser iguais, independentemente da raça, do gênero (mulher, homem), orientação sexual (hetero, homo, bissexual) ou de qualquer outro aspecto humano.

A cooperativa deve dar prioridade para a juventude e suas necessidades, especialmente em relação aos estudos e desenvolvimento profissional, cultura e lazer. A juventude quer ter acesso à internet, ter um centro cultural e de lazer com atividades de aprendizagem, esporte e festa. A juventude quer justiça na divisão de resultados e quer ser incentivada a assumir responsabilidades (= liberdades), tais como usar máquinas, participar nas reuniões e no planejamento, além de eventos culturais e da luta pela terra.

Como lidar com fofocas e intrigas

Intrigas, calúnias e fofocas têm sua origem na competição, hábitos de sentir negativamente e numa negatividade generalizada. O capitalismo incentiva a inveja, a concentração nos problemas e erros, em vez da concentração nas riquezas humanas e oportunidades. Para o poder, é bom que o povo foque nas falhas e problemas, pois assim o povo oprime a si mesmo. Falamos mal do outro também para ofuscar nossos próprios problemas.

Tentar proibir a fofoca significa dar-lhe mais poder. Se no local de trabalho as pessoas usam muito tempo fazendo calúnia dos outros, pergunte aos seus colegas se é proibido falar mal dos outros. Pode acontecer que você não obtenha qualquer resposta. Então você diz: "É claro que não é proibido. Podemos deixar isso claro e escrever uma placa na parede com dizeres: aqui não é proibido falar mal pelas costas, mesmo que não seja recomendável". Desta forma, a fofoca perde o gosto de "fruto proibido".

Vamos considerar uma situação em que você entra em uma sala e ouça companheiros falarem sobre Maria, que não está presente. Você pode simplesmente começar a falar de outra coisa, mudar a conversa intencionalmente, por exemplo: "Que dia lindo que está hoje". Talvez isso já desperte a percepção dos outros de que eles agem de uma forma negativa.

Ou diga o seguinte: "Ontem eu acompanhei Maria, e vi a forma como ela cuidava de um cliente. O cliente estava muito satisfeito com o atendimento que recebeu". Você fala de alguma boa ação da Maria, mas não entra na defesa dela. A reação de defesa é muitas vezes percebida como uma prova de que as acusações são justificadas, e fortalece o conflito desnecessariamente.

Você também pode esperar um pouco e ouvir o que eles estão falando. Então você diz com todo respeito: "Agora, nós conversamos por meia hora sobre os problemas da Maria, então é a hora de pensar em como podemos ajudá-la com suas dificuldades. Eu tenho caneta e papel à mão e posso anotar as propostas". Possivelmente os outros não entrarão na conversa, mas isso desperta a consciência do bem e pode abrir canais de energia positiva.

Talvez você ouça por algum tempo os outros falarem mal de Maria e, então, saindo da sala diga: "Agora eu vou ter que sair, então vocês podem começar a falar sobre mim".

Intelectualmente pensando isto é fácil, mas normalmente temos sentimentos de insegurança e medo que tentamos negar, causando um bloqueio interno. Não tente ser forte e seguro. Sócrates diz que aquele que tenta fazer-se forte e seguro, se faz fraco e inseguro. Aceite e sinta a sua insegurança para entrar em contato com a coragem e a criatividade dentro de você.

Se no coletivo há alguém que tem mania de falar mal dos outros, ela precisa de uma ajuda especial. A pessoa pensa mal dos outros, o que é um sintoma de que ela sente e pensa mal de si mesma. Planeje um tempo a dois, em que você possa dizer a ela, usando o *Diálogo de valorização*: "Tenho observado que você está fazendo um trabalho importante usando criatividade e iniciativa. Mas às vezes acho que você está focando muito nos possíveis erros, o que faz desvalorizar a sua realização". Não há necessidade de se preocupar se a outra pessoa aceita ou não. E deixe-a pensar sobre isso sozinha.

Se a situação é tal que falam mal de você, e você entra no espaço onde os caluniadores estão, você pode dizer: "Vocês podem imaginar, eu ouvi rumores de pessoas dizendo que eu não faço isto e faço aquilo (descrevendo as calúnias sem apontar alguém). Cada coisa que se pensa! Mas agora vamos tomar um café...". Você vai deixar a questão no ar em aberto, sem culpar e nem criticar alguém. Você só expõe o assunto, o que mostra que você não dá poder para calúnias, não tem nada para se defender.

Fazer intrigas e "picuinhagem" é um desvio de foco: em vez de focar nos objetivos da cooperação, no desenvolvimento e sucesso do coletivo, a pessoa se concentra em detalhes negativos. Quando a mentalidade do coletivo está contaminada com esta conduta limitadora, é essencial cuidar do espírito e ética do coletivo fazendo leituras e discussões sobre os cap. 1 – *Sociedade capitalista causa sofrimento humano e ecológico* e 2 – *conceito socialista de ser humano.*

Como implantar o método no coletivo

Você pode adaptar o texto do item *Como implantar o método na sala de aula e escola* no capítulo anterior para ser usado no seu coletivo.

7. APLICAÇÃO DO MÉTODO EM DEPENDÊNCIA QUÍMICA E OUTRAS

ESTE TEXTO DÁ ORIENTAÇÕES sobre como a família, o coletivo ou a coordenação pode lidar de forma preventiva com a dependência através de leitura e discussão sobre os temas. As orientações buscam ajudar companheiros que sofrem de dependência, sem entrar na armadilha da repressão moral, e não aborda a questão de casas de recuperação ou medicamentos. A leitura do cap. 2 *Conceito socialista sobre ser humano,* facilita a assimilação deste capítulo.

Reprimir ou lidar com as causas?

Alcoolismo ou dependência de outras drogas devem ser encaradas como qualquer doença que tenha múltiplas origens. O ser humano manifesta seu mal-estar de modos diferentes: doenças físicas, doenças psíquicas, criminalidade ou dificuldade de adaptação social.

A dependência pode se manifestar de inúmeras formas. A mais comum talvez seja a dependência de sentir constantemente angústia, medo, vergonha, culpa ou desespero. Por exemplo, a pessoa viveu uma situação que a levou a sentir estes sentimentos de forma prolongada ou repetitiva, transformando-os em hábitos de sentir. Esse hábito negativo de sentir provoca estresse no corpo, através da produção constante de hormônios do estresse, que acabam por causar uma dependência fisiológica do estresse. Um hábito de sentir resulta num hábito de funcionamento fisiológico nas atividades neurológica, hormonal e imunológica.

Uma dependência comum dentro da sociedade patriarcal se forma nos relacionamentos, quando o homem vai trabalhar e a mulher fica em casa para cuidar dos filhos, passando a viver em situação de dependência econômica do homem. A ganância da indústria alimentícia nos leva a desenvolver dependência de uma alimentação deturpada (*junk food*). Há também outros tipos de dependência, tais como: viver em sofrimento, com autopiedade; viver cercado de luxo; mania/dependência de trabalhar, malhar ou busca incessante de prazer sexual. A dependência, como dissemos, é como qualquer outra doença que tem múltiplas origens. Todos nós temos algum tipo de dependência, em graus e modos variáveis.

A dependência química de drogas lícitas como cigarro, álcool e remédios, ou ilícitas, como maconha, cocaína, anfetamina e *crack*, se baseia no efeito de alterar o humor da pessoa. As drogas causam efeitos como relaxamento, alegria, euforia, sensação de poder e percepção além do normal. O funcionamento biológico da dependência dá-se no sistema de recompensa do *cérebro* com sensações de prazer e alegria.

Dependência psicológica significa, por exemplo, que uma pessoa se coloca como dependente de outra, talvez procurando causar dependência mútua, como uma maneira de ter poder sobre a outra. Ou quando uma pessoa se vitimiza (cultiva o sentimento de vítima), por exemplo, numa situação em que um dos parceiros abandonou a família e essa "desgraça" é usada para criar uma dependência do hábito de sentir tristeza e pena de si mesma.

Na atualidade, especialmente no meio das crianças e jovens, está aumentando a dependência de brinquedos e equipamentos eletrônicos e comunicação, tais como celular, *videogames, iPad, notebook, tablet* etc. Este tipo de dependência entra também na reflexão do texto, mesmo que ela não seja especificamente referenciada.

A culpa da família e codependência

A família, se existir, é essencial para ajudar o dependente, mas o desafio comum está em a família aceitar que ela também pode estar doente e precisa de ajuda. A isto chamamos de codependência, significando que existe um tipo de pacto entre a família e o dependente.

Uma pessoa dependente muda a estrutura normal de uma família, causando sentimentos quase contínuos de medo, frustração, desespero e vergonha. O resto da família pode fazer de tudo para esconder o problema, tentando de todas as maneiras fazer com que o alcoolizado não tenha motivos para beber, e evitando que ele se torne descontente ou agressivo. Com isso, o dependente ganha poder, se sentindo importante e talvez gostando do "jogo" que é um pacto destrutivo, de codependência.

Na família que tem um membro dependente químico, este, querendo ou não, se torna o centro das atenções. Todos os problemas da própria família ficam meio que escondidos, e o foco é colocado no dependente, que se transforma num bode expiatório. Tudo gira em função da pessoa doente. Vira um "jogo" útil para que todos mantenham as coisas como estão, sem que cada um precise encarar seus próprios problemas. É formado um pacto fechado na família, cujo princípio é esconder a doença e problemas de cada um. Isto também dificulta pedir ou receber ajuda dos profissionais ou outros para lidar com o sofrimento da família.

Os responsáveis têm uma forte tendência de se culparem severamente por ter um menor dependente. Como nós, seres humanos, transmitimos para fora aquilo que temos dentro, estes responsáveis têm tendência de culpar todos os que têm a ver com o problema. Eles podem condenar os amigos por levar o tutelado para o mau caminho, o professor que não soube lidar com a situação, a namorada que o deixou, o desemprego etc. Os responsáveis não sabem distinguir o possível sentimento de culpa saudável da culpa neurótica e injusta, que é se autoculpar. A culpa saudável é algo bom, a ser refletido, aceito e usado na prática para mudar possíveis hábitos errôneos de ação ao lidar com o menor. Não há responsáveis perfeitos. Percebendo a mania de autoculpa é possível desfazer gradativamente este modo de repressão muito dolorido.

Para os responsáveis é importante lembrar que todo ser humano tem, conforme entendemos no capítulo 2, a própria vontade (livre arbítrio), que é um total mistério a ser respeitado. E lembrar que se culpar e criticar tem efeito repressor contra a consciência, contra seu próprio ser. A conscientização é sempre um ato de libertação com uma sensação muito bonita de humildade e gratidão.

Muitas vezes os relacionamentos das pessoas próximas se tornaram complicadas com conflitos, frustrações, desespero e ódio, talvez dos dois lados. Por isso, é importante lidar com a pessoa dependente com o princípio: *O mal pode ser curado somente com o bem* e levando em conta o que diz um ditado importante: me ame justamente quando menos mereço.

Causas

De modo geral, as causas estão essencialmente nas seguintes questões: a degradação da sociedade causada pelo desenvolvimento desenfreado do capitalismo; na infância, quando a família ou pessoas próximas tiveram problemas tais como carência de amor, rejeição da criança, agressividade e/ou conduta de humilhação; talvez uma fraqueza genética possa ser um dos fatores; a própria pessoa com seu jeito (livre arbítrio – mistério) de lidar com as possibilidades e desafios da vida.

A separação das pessoas em classes sociais (trabalhadores e donos do capital) é alienante por si só. O capitalismo estressa e reprime o cidadão submetendo-o à constante competição e submissão ao dinheiro, incentivando o prazer imediato e o consumismo. A pessoa dependente não oferece nenhum perigo para os poderes da sociedade. Ela consome e gera lucros aos poderosos do sistema. Uma pessoa alienada não se interessa pela luta pela justiça econômica e social.

De qualquer forma, a dependência tem sua causa na busca de algo bom, mesmo que o método seja destrutivo. O uso de álcool e drogas é, inclusive, muitas vezes uma tentativa da pessoa de resolver os seus problemas. Drogas legalizadas são compradas na farmácia, pinga no bar ou no supermercado, droga ilegal no mercado paralelo. Qual é a diferença entre pílulas antidepressivas, um copo de pinga ou um "baseado"? Eles são usados para aliviar a angústia ou depressão, e se tornar mais alegre e relaxado. As drogas têm a função de alterar quimicamente o funcionamento natural do cérebro que é a base biológica do funcionamento da consciência.

Prevenção

A prevenção se baseia na conscientização e valorização social e humana. O passo fundamental é desenvolver uma estrutura de poder econômico e social com base na igualdade e solidariedade, e unir isto com o conceito socialista de ser humano e a compreensão das suas relações. Se estes princípios forem implantados no coletivo (ainda melhor se for implantado na sociedade em geral), a necessidade de querer viver numa outra "sociedade/realidade", fora do sofrimento e humilhação causados pelas injustiças da sociedade capitalista, se reduz drasticamente.

Se um coletivo, seja família, seja escola ou cooperativa, decide criar um ambiente focado em prevenção, é necessário estruturar a convivência para a valorização humana incondicional. Por exemplo, quando se percebe que um dos companheiros está em risco de cair no abuso de substâncias, a ação de valorização humana e social deveria ser rápida (cap. 3 e 4). A estrutura do coletivo deve ser organizada para que ela, por si só, incentive a igualdade, solidariedade, reduzindo a necessidade do uso de "remédios" para aguentar a pressão de competição e exigências.

No âmbito individual, o princípio básico de prevenção e tratamento está no pensamento socrático: Conhece-te a ti mesmo! Consciência sobre si, consciência sobre as suas origens, seu histórico, as riquezas humanas em você, compreensão dos seus empecilhos e a consciência sobre a sociedade são elementos essenciais para poder lidar com dependência (cap. 2).

Esta abordagem pode ser usada pelas pessoas que sofrem de dependência e também por pessoas que lidam com os dependentes, como: familiares ou pessoas próximas, educadores e trabalhadores de escolas, militantes, lideranças e qualquer pessoa interessada.

As vantagens de usar drogas e as vantagens de não usar

A dependência surge normalmente de modo desapercebido quando a pessoa busca alívio, segurança e prazer com drogas, comida, outra pessoa, trabalho, sexo etc. Ela busca o bem, não está querendo criar dependência ou qualquer outra coisa prejudicial.

Primeiramente deveríamos nos interessar, descobrir, discutir e respeitar todo esse bem, ou seja, os possíveis benefícios que a droga dá. As seguintes vantagens são citadas comumente:

As vantagens de usar drogas ou outros meios de dependência

– mostrar como se fosse coragem para se libertar do controle dos pais, professores e autoridades injustas;

– possível alívio da timidez, medo e ansiedade de modo momentâneo;

– sensação momentânea de poder, grandeza, parece que "tudo pode";

– se sentir momentaneamente admirado e desejado por todos, inclusive sexualmente;

– uma maneira de manifestar revolta por carência afetiva e injustiças;

– libertação momentânea de problemas e erros cometidos;

– possível libertação momentânea da consciência de solidão, tristeza, depressão e falta de sentido da vida;

- sensação de "comer do fruto proibido";

– às vezes, especialmente no início do processo de criar a dependência, a possível sensação momentânea de liberdade, alegria, prazer, sensação de felicidade e segurança, e mesmo que ela não está sendo mais alcançada, ela existe na memoria do passado e atrai a pessoa procurar voltar quase que desesperadamente.

Por exemplo, fumar cigarro pode ser estimulante ou tranquilizante. O cigarro é um acessório ou "brinquedo" para se mexer com os dedos. Funciona como uma mística ou fetiche, e ajuda o tempo a passar. Fumando achamos companhias para conversar. A necessidade de fumar justifica uma pausa no trabalho, e momentos de reflexão. A propaganda maléfica feita para aumentar o consumo do cigarro usa imagens de juventude, beleza e revolta; como se fumar sinalizasse coragem, admiração e sucesso.

As vantagens, mesmo que momentâneas são significativas e poderosas e devem ser refletidas individualmente com profundidade. É importante reconhecê-las e respeitá-las, pois são a base da motivação que leva à dependência.

De outro lado, há vantagens em não usar drogas. Estes benefícios devem ser discutidos e relatados, aqui uma lista de vantagens:

As vantagens de não usar drogas ou outros meios de dependência

– saber lidar com a realidade;

– relacionamentos afetivos verdadeiros;

– vida com menos sentimentos de inferioridade, culpa, vergonha, medo e paranoia;

– inserção social e de trabalho;

– segurança econômica;
– tranquilidade perante a lei;
– manutenção da saúde;
– sentimentos de felicidade verdadeiros.

As vantagens nos dois lados são poderosas. É entre estas duas alternativas que a pessoa faz a sua escolha, sem que se dê conta disso racionalmente. Para fazer uma escolha mais equilibrada, a pessoa desenvolve a sua lista de benefícios de dependência e de não dependência.

A escolha não é essencialmente baseada nos possíveis prejuízos do uso de drogas, já que os prejuízos vêm a longo prazo. Este também é o problema na escolha de desfazer a dependência, pois as vantagens não vêm de imediato. A questão de prazo é um fator importante. A nossa cultura conduz as pessoas a procurar vantagens em tudo e em curto prazo, por exemplo, ao incentivar o consumismo; assim, podemos até dizer que a sociedade induz à escolha das drogas.

Quem fuma sabe dos prejuízos de fumar, e não é isso que realmente a motiva a parar de fumar. Seria importante evitar moralizar, julgar, culpar ou condenar. O sentimento de culpa é saudável como um alerta usado para a libertação, mas temos a tendência de moralizar e condenar, o que leva a pessoa em questão a se autoculpar, se autocondenar e/ou alimentar autopiedade, que são atos de repressão da consciência. A conduta de censura impede a conscientização sobre as verdadeiras motivações para a escolha da droga.

Fala-se comumente que a motivação para mudar um comportamento acontece normalmente quando a pessoa chega em uma percepção profunda de como está obcecada em obter a próxima dose, e como a vida poderia ser melhor sem a droga.

Essa percepção (*insight*) acontece com maior probabilidade num espírito de aceitação e afeto. Proibir com amor o uso da droga não é algo repressivo, mas o jeito de proibir pode ser, reforçando o comportamento não desejado. Por isso, a conduta da família ou das pessoas próximas é fundamental no processo de recuperação.

Reforçando, por que não refletir sobre as vantagens da dependência? Provavelmente todos já sabem muito bem as desvantagens, de tal modo que sentem muita culpa e angústia por isto. Esta pressão de culpa causa mais necessidade de usar comida, álcool ou trabalho como remédio para se aliviar.

Passos para possível libertação – mudança de hábitos

O processo para lidar com a dependência pode seguir os passos seguintes, que devem ser adaptados caso ao caso. Podem ser executados pela própria pessoa, sozinha ou, melhor ainda, com a presença de uma pessoa de confiança ou devidamente formada.

Admitir o problema, aceitar a consciência que se tornou dependente

– Primeiramente, parar para sentir conscientemente o que está sentindo na vida normalmente (angústia, medo, inferioridade, vergonha, culpa, raiva, impotência e claro, alegria, amor, gratidão); procurar se concentrar nos sentimentos para aceitá-los como são. Focar a atenção neles e se tentar desligar das tais chamadas causas. Ver: *Temos liberdade total para sentir* e *Respeito pelo sentir.*

– um bom início para lidar com a dependência é reconhecê-la de modo profundo, evitando se criticar, culpar, condenar ou exigir solução;

– aceitar o problema e aprender a conviver com ele sem querer se livrar dele;

– refletir sobre a existência de sintomas (alarmes) psíquicos mais sérios, como fobia, falta de capacidade de concentração, paranoia, alucinações, autopiedade, insônia, hiperatividade, variações bruscas de humor etc.;

– concentrar-se para sentir os possíveis sintomas físicos, como fraqueza, tremedeira, tosse, dor de cabeça ou de barriga, tensão, taquicardia etc.;

– Usar o tempo só para aprender a aceitar e conviver melhor com os sintomas.

Conscientizar-se sobre o seu passado

– descrever, por escrito, a história da própria vida desde as primeiras memórias, descrever os pais ou as pessoas mais próximas e o modo delas de encarar a vida;

– fazer por escrito um inventário pessoal, um balanço da vida, o que realizou até agora em coisas boas, escrever uma lista das pessoas que já alegrou e ajudou.

Conscientizar as causas pessoais da dependência

– Conscientizar-se de que modo tem assimilado os valores invertidos da sociedade.

– Refletir como tem assimilado possíveis condutas problemáticas das pessoas mais próximas desde sua infância, conforme *Tudo que vejo no outro existe em mim também de alguma maneira.*

– Conscientizar-se sobre as riquezas humanas na sua pessoa e ter compreensão dos empecilhos, *Riquezas humanas e empecilhos.*

– Descrever as vantagens do uso da droga, e descrever as vantagens de não usar droga.

– Comparar as vantagens das duas alternativas, lembrar que o fator tempo é importante, sendo que as vantagens de usar droga são imediatas mesmo que de curta duração, enquanto que as vantagens de não usar droga são de longo prazo e longa duração.

– Se escolher uma mudança de hábitos, continuar para o próximo passo. Se a escolha for de não mudar os hábitos, aceitar esta escolha conscientemente e não se criticar e reprimir pela sua decisão.

Planejar a mudança de novos valores e hábitos

– Planejar as mudanças necessárias na própria vida e nos hábitos, passo por passo ou de modo repentino, de acordo com a escolha pessoal. Por exemplo, se a dependência é comer demais e rápido demais, mudar o hábito para comer só dois terços de um prato comum e mastigar devagar.

– Aprofundar a compreensão sobre o ser humano e a sociedade nos capítulos 1, *Sociedade capitalista causa sofrimento humano e ecológico,* e 2, *conceito socialista de ser humano.*

– Se necessário, aplicar *Mudança de hábitos de ação pela conscientização do bem.*

Praticar a mudança

– Ajudar outros companheiros com o mesmo problema e procurar sempre a ajudar os outros de modo geral, treinar o desenvolvimento de hábitos de valorização humana e social (cap. 3 e 4).

– Refletir sobre suas ações em cada dia, mas mesmo tendo quedas no caminho, não se condenar, criticar ou depreciar e buscando voltar e continuar o caminho de novo.

– Avaliar periodicamente o andamento no caminho com terceiros; pessoas de confiança, educador, liderança etc.

– O caminho não tem fim.

Acompanhamento de grupos de valorização humana

O objetivo do grupo de conscientização, um tipo de grupo de autoajuda, é primeiramente a conscientização da riqueza da vida e das riquezas humanas. Na sequência, vem a conscientização das condutas de como as está distorcendo-as ou impedindo-as. Pode-se usar como guia o Anexo 2, *Riquezas humanas e empecilhos.* O objetivo é olhar para dentro de si e não ficar nas questões externas, por exemplo:

– não ficar discutindo, fez isto ou não fez;

– evitar perguntar por que, a palavra porquê para justificativas, fuga da consciência;

– não procurar culpados, sendo que todos os envolvidos podem estar cometendo algum tipo de erro.

Uma pessoa no coletivo pode tomar a iniciativa, chamando as pessoas interessadas e que precisam de ajuda. As reuniões devem ser organizadas no mínimo uma vez por semana, por exemplo, por uma hora e meia ou duas horas, começando na hora marcada e acabando conforme previsto, sempre valorizando os presentes, não dando poder para os ausentes. A disciplina dá uma sensação de respeito e valorização.

A reunião pode ter os seguintes passos:

– Uma mística ou uma reflexão espiritual, a critério do grupo, e uma apresentação dos presentes, em talvez cinco ou dez minutos.

– Uma apresentação e discussão sobre um tema interessante do dia, durante, por exemplo, 40 minutos. Alguns exemplos sobre possíveis temas:

- como é o ser humano e quem sou eu?
- consciência social, humana, física e espiritual;
- responsabilidade requer liberdade e liberdade causa responsabilidade;
- os poderosos querem que o povo use drogas? Por quê?
- culpa e vergonha – alarme ou censura?
- trauma e dor;
- prazer e alegria como meta ou como consequência de algo;
- perfeccionismo e mania de grandeza (megalomania) como fatores de depressão, agressividade e alcoolismo;
- angústia e depressão – perigo real ou alarme útil?
- como encarar a morte?
- como sentimos a carência de amor? Como tentamos conquistá-lo?

– Falar de si próprio e depois os outros falam. Por exemplo, durante talvez meia hora uma ou várias pessoas falam de si, dos seus sentimentos, fazendo uma reflexão espontânea do momento e descrevendo a sua andança no caminho. Os outros podem dar um retorno procurando perguntar, esclarecer, sintetizar e aprofundar aquilo que entenderam em tom de aceitação e valorização.

– Encerramento pelo coordenador do dia com pequeno resumo da valorização e uma mística curta, que pode ser, por exemplo, uma oração, silêncio e meditação conforme o espírito do grupo.

De vez em quanto, é possível mudar o conteúdo da reunião para que uma pessoa, que esteja no processo de recuperação há mais tempo, dê um depoimento pessoal longo e profundo para reflexão de todos.

É bom procurar ter informações e ideias de como os vários tipos de grupos de autoajuda, como alcoólicos anônimos (AA), narcóticos anônimos (NA) etc. funcionam e renovar a própria metodologia de modo constante. O grupo de valorização pode também adotar a metodologia do capítulo *Valorização e conscientização em coletivo.*

Possível internação num instituto de recuperação ou comunidade terapêutica

Às vezes, é necessário encaminhar o dependente para uma estrutura de tratamento intensivo que pode até envolver a desintoxicação medicinal. Sugerimos que este instituto tenha os seguintes aspectos:

– *psicológico:* conscientização humana usufruindo de uma estrutura "terapêutica" que propicia conhecimento de si mesmo, do crescimento humano e das suas relações usando como base a valorização incondicional humana;

– *social:* estudo dos sistemas de poder na dimensão econômica e social e convivência coletiva com práticas de participação pela democracia direta;

– *trabalho:* participação no trabalho produtivo e educação para valorização do trabalho digno no sentido de realização humana;

– *política:* estudar e participar nos debates e ações sobre lutas pela justiça social, conhecer movimentos populares e participar nas lutas populares;

– *conhecimento:* participação em cursos, palestras, pesquisas e leituras direcionadas;

– *arte:* estudo de literatura e arte e participação na criação artística;

– *intercâmbio cultural*; estudar e participar nas atividades de intercâmbio cultural promovendo a diversidade;

– *corpo*: esporte, alimentação saudável e terapias naturais, como terapias auriculares, acupuntura, fitoterápica etc.

8. APLICAÇÃO DO MÉTODO EM COMO LIDAR COM O ESTRESSE

O ESTRESSE É UM SINTOMA psíquico ou físico de cansaço ou esgotamento que muitas vezes é difícil de perceber, pois ele vai aumentando devagar e a pessoa vai se acostumando mais e mais com ele. Depois, como que de repente, aparece uma doença mais grave, e o serviço de saúde está focado em eliminar o sintoma, eliminar a alarme. No meio dos camponeses, e entre trabalhadores de escolas, cooperativas e pessoas de liderança de modo geral, o estresse é um problema sério, envolvendo inclusive a cultura machista que determina que não devemos admitir qualquer fraqueza.

Estresse é algo natural, mas pode se tornar doentio

Normalmente você sente estressado quando tem muita coisa para fazer e seus recursos são escassos. Ou quando um companheiro, professor ou seus pais o criticam. Ou alguém ameaça você com injustiça e agressão. Ou simplesmente porque seu filho de três anos demora para se vestir, resiste, atrapalha e chama atenção. Ou pode ser que você esteja dirigindo para um encontro e alguém na pista única anda devagarinho, parando no amarelo em todos os faróis e não deixando você ultrapassar. Quando estamos apaixonados, ficamos angustiados ao ir ao encontro da pessoa amada, em vez de simplesmente ficarmos felizes e contentes.

A maior causa em termos aprendido a viver estressados – e o estresse se tornar um vício – é nosso ambiente socioeconômico baseado na competição, ganância e egoísmo. Esse sistema causa um forte fardo estrutural de estresse em todos nós. Vivemos numa pressão constante de aumento de exigências e insegurança, seja nas famílias, seja nas escolas ou locais de trabalho.

As exigências – "tem que se comportar assim, isto não pode, tem que ser melhor e mais bonito que os outros" – nos impedem de sermos nós mesmos. O sistema é como a rocha da montanha que impede a liberdade do vulcão de se manifestar: este vulcão é o ser humano cheio de alegria e amor.

Uma pessoa, que estava muito estressada à beira de cair na exaustão, ficou muito aliviada quando ouviu a seguinte reflexão: "Você se esforça muito o tempo todo para ser alguém que você não é. A pessoa que você realmente é é muito melhor que a que você tenta ser".

Pela natureza, o estresse é uma reação perante a uma ameaça ou perigo, uma reação psíquica e do corpo para se preparar para a fuga ou luta. A percepção do perigo causa certo nível de ansiedade, medo e raiva; por sua vez, esses sentimentos acionam o sistema neurológico e hormonal para você se tornar mais forte e ágil. O seu modo se sentir na situação é a sua ferramenta para informar seu corpo sobre o perigo, para que no corpo as atividades fisiológicas funcionem preparando você para lutar ou fugir, com força e agilidade necessária.

Cada situação na vida – sair da cama pela manhã, andar de ônibus, fazer uma prova na escola, trabalhar intensivamente ou enfrentar um perigo – é interpretada como uma necessidade específica de fazer algum esforço. Se você, no seu sentir, avaliar a situação de modo deturpado vai causar estresse além da necessidade real.

Estressar é se esforçar. Quando estamos deitados na cama para descansar, não precisamos estressar praticamente nada, está tudo bem como está. Mas encontrar com uma pessoa "chata" já causa uma sensação de estresse.

Para você fazer esforço, você tem que querer algo, seja evitar um perigo, seja conquistar o amor de uma pessoa, por exemplo. A força do seu querer determina o grau do seu estresse. Querer é o motor do estresse. Se você realmente não quer nada além de aceitar a situação como está, você não precisa se esforçar, está com quase zero estresse. *Querer é se estressar.* Vida é ação, e o tempo todo estamos nos estressando em algum grau, porém se este grau é equilibrado perante a necessidade e os recursos disponíveis, então, o nível de estresse é ideal.

Empecilhos causando o estresse doentio

Concluímos, assim, que seu nível de estresse depende do seu querer. Querer é uma manifestação da sua vontade, e na vontade temos nossa liberdade de escolha. Quando queremos de modo equilibrado estamos conectados à realidade, significando que necessidades e possibilidades estão sendo interpretadas de modo correto. Quando queremos de modo desequilibrado, nossa conexão com a realidade é deturpada, e temos dificuldade de agir de modo "realista". No nosso conceito sobre o ser humano (cap. 2) explicamos como o querer se manifesta sob a forma de aceitação das riquezas humanas ou em negação e deturpação delas em nosso ser. A negação é descrita pelos empecilhos.

Os empecilhos, tais como hábitos negativos de sentir, censura à consciência, perfeccionismo, mania de grandeza, negativismo e egoísmo, fazem sua capacidade de avaliar o perigo e os recursos disponíveis de modo desequilibrado e, portanto, você reage com estresse doentio. Você reage com excesso de esforço ou reage de modo omisso.

A seguir, vamos refletir de que modo cada empecilho causa estresse doentio.

O nosso *hábito de sentir preocupação e medo* é como uma dependência e uma necessidade, a tal ponto que a excitação do medo é um prazer que nós queremos e buscamos. Pagamos para ir ao cinema e vivenciar a violência de um filme de suspense, lemos livros ou praticamos esportes de aventura e criamos riscos sem necessidade real. O medo se tornou uma diversão e uma dependência.

A pessoa acorda no meio da noite e se sente angustiada. Ela se tensiona e o coração acelera ao escutar os barulhos na casa. Ela levanta, vai ver se há alguém tentando entrar na casa, verifica a fechadura. Volta para cama e demora a pegar no sono. Será que essa pessoa tem um hábito de sentir ansiedade e medo, um hábito que já se tornou uma dependência, de tal modo que mesmo dormindo ela acorda precisando sentir seu nível costumeiro de angústia? Podemos ver nisso a analogia de uma pessoa que fuma e, sentindo falta de nicotina, acorda a noite e levanta para fumar.

A *censura* causa estresse, por exemplo, quando a pessoa está vendo um problema real e tenta evitar esta consciência. Ela finge para si mesma que não há problema. Ela sente que não percebendo o problema este não existe. Reprimindo a sua consciência ela cria tensão e conflito interno, o estresse. E, em função desse desequilíbrio, não sabe lidar com a situação.

Exemplificando, a pessoa está numa situação tipo:

– percebe um perigo ou ameaça real (agressão, prova, encontro importante);

– percebe que está ocorrendo algo contra a sua vontade (o filho está fumando maconha, sua opinião não é aceita pelos outros, o motorista à frente está andando devagar):

- ela quer muito algo e não está segura se vai consegui-lo (há trabalhos a fazer e pouco tempo, percebe que há risco de perder o voo);
- ela cria fantasias de perigo e ameaça (acidente, doença, rejeição, crítica ou catástrofe que não existem), justamente aquilo que ela menos quer.

A pessoa não quer nada disso, e este seu modo de querer pode ser muito forte, tornando-se uma exigência. Ao não querer o "perigo", pode reagir negando a consciência dele. Ela luta contra a consciência confundindo a consciência do perigo com o próprio perigo. Desta forma, ela se nega ficando desequilibrada (confusa, bloqueada, apavorada, com raiva), e acaba bloqueando suas capacidades de pensar, avaliar e agir, ou seja, suas riquezas humanas.

A pessoa *perfeccionista* exige que tudo deva ser perfeito: ela mesma, sua família, a casa, seu trabalho e sua aparência. Qualquer erro é sentido como um grande perigo ou catástrofe, e ela se esforça ao máximo para evitar e esconder falhas. Ela pode se cansar tanto, por causa de suas exigências, que ela mesma se opõe, e não consegue realizar quase nada. Ela vive num conflito interno contínuo que pode levá-la à exaustão. Como falam os sábios, a perfeição é o maior perigo contra o bem.

Megalomania ou mania de grandeza causa na pessoa a sensação que ela tem que fazer tudo, que só ela sabe e consegue. Ela se acha insubstituível e tem dificuldade para delegar tarefas e responsabilidades. Ela recusa sentir os sintomas de cansaço e trabalha sem limites. Se sente "responsável" ou culpada por tudo; responsável de forma deturpada, ao sentir que tudo seria sua obrigação e, assim, não sente liberdade. Como o povo diz, ela não consegue falar não, mesmo quando precisaria colocar limites.

A *conduta negativista* leva a pessoa a aumentar as dificuldades, desprezar possibilidades e criar problemas onde não há. Ela tem uma constante sensação de perigo ou dificuldade, se estressando à toa e causando estresse também para outros ao seu redor. Oportunidades de sucesso são sentidas com angústia, insegurança e negação, em outras palavras, coisas boas causam sensação de perigo e estresse em vez de serem sentidas como algo positivo.

No *egoísmo e egocentrismo* a pessoa se observa o tempo todo e sente que seria objeto contínuo de atenção e crítica dos outros, como se ela fosse o centro do mundo. Isto limita sua visão para perceber a beleza e grandeza do mundo e da vida, e o contato com o amor dentro dela. Ela reduz a sua liberdade de ação e, de alguma maneira misteriosa, reduz também o seu campo energético, o que pode ser sentido pelos outros quando estão perto dela. Ela também se reduz na habilidade de cooperar pois, para cooperar, tem que "sair" de si própria e acolher, ouvir, perceber outras formas de pensar, sentir e fazer as coisas expressas por outras pessoas.

Há uma expressão popular sobre certas pessoas que são como ladrões de energia. Se você fica em contato com elas, se sente logo cansado e sem energia. Será que ela suga as suas energias e do ambiente, e/ou ela transmite energias negativas? Pode ser também que você não quer perceber a problemática dela e reage com censura contra esta consciência, reduzindo assim sua abertura para receber as energias de vida?

A compreensão dos empecilhos causadores do estresse doentio nos ajuda a lidar com os outros e com nós mesmos, já que os empecilhos estão presentes em todos e em todo lugar de alguma maneira.

Armadilha de exaustão

A nossa cultura de exigências causa nas pessoas uma tendência de querer ser sempre solícitas, sentindo-se responsáveis por tarefas que não são objetivamente delas. Assim, se sentindo cansadas e fracas, elas entram numa conduta de se defender contra suas próprias exigências, numa luta interna que as cansa ainda mais. Até tarefas simples, como as de casa, podem ser sentidas como uma exigência estafante.

Dormir pode se tornar uma necessidade tão forte que se torna uma exigência. A pessoa reclama e critica, caindo ainda mais no descontentamento e cansaço. Em sua mente, culpa os outros e seu trabalho para justificar o mau humor e a impotência que sente.

Ela começa a se sentir fraca, mas não "escuta" os sintomas. Está num circulo vicioso de exigências: "tem que isso, tem que aquilo".

A vida dela se tornou uma "prestação de contas", puramente uma execução cansativa de tarefas sem alegria. Começa a sentir mais e mais que todos ao seu redor a estão criticando e condenando, entrando numa conduta de defesa e isolamento. Nesse estágio, pode ficar profundamente doente, esgotada.

Uma vez que ela se esgotou, é difícil se recuperar, e caso se recupere, talvez nunca volte ao seu estado anterior, pois é como se houvesse uma quebra interna. Esse processo, semelhante a um círculo vicioso, é como atravessar a linha entre o real e o irreal. Perceber, aceitar e respeitar a consciência dos sintomas possibilita prevenir a exaustão. Refletir sobre a própria conduta pode evitar o colapso.

Um dos sintomas comuns de estresse pesado é quando a pessoa começa a ter medo de perder o controle. Este é um sintoma importante a ser percebido. A própria frase – ter medo de perder o controle – revela a problemática. A pessoa tem quase que uma obsessão de controlar tudo, especialmente seus próprios sentimentos (e dos outros), não podendo sentir insegurança, medo, raiva e impotência ou, resumindo numa palavra, fraqueza. Em vez disso, ela tenta ser forte. Tentando desesperadamente controlar a sua fraqueza, acaba por controlar e abafar as suas riquezas humanas. O conselho para ela seria se conscientizar e se desfazer dessa atitude de controlar, soltar o controle e deixar a vida fluir por si só. É fácil dar este conselho, mas é difícil segui-lo, já que este conselho pode se tornar mais uma exigência na mente dela.

A resistência também é uma questão de vontade. Se o trabalho e as responsabilidades são associados a algo negativo, a pessoa não os quer, mas espera de si que não teria essa resistência. A sensação de exigências aumenta mais ainda, o que por sua vez aumenta a oposição e revolta. É um circulo vicioso, uma armadilha. O consumo de energia aumenta, havendo três aspectos na situação: o primeiro esforço dela reagindo com resistência para fazer as coisas; o segundo, ela se esforçando para vencer a própria resistência; e o terceiro, o esforço para cumprir a tarefa.

Lembramos que os empecilhos são essencialmente despertados e fomentados em todos nós pela estrutura social injusta, movida pelo capitalismo. Desenvolvendo tolerância e autoconhecimento sobre os empecilhos que estão presentes em todos nós e em graus variados, isso irá nos ajudar a prevenir o estresse exagerado, e mesmo que caiamos num estresse doentio, nos ajudará a refletir sobre nossa conduta e hábitos. É na responsabilidade que sentimos a liberdade, portanto, a libertação.

Mente sadia, corpo sadio – psicossomática

O ser humano é um ser integral nas dimensões de vida psíquica e corpo. A psicossomática é uma *ciência* interdisciplinar que une *medicina* e *psicologia* para estudar os efeitos de fatores sociais e psicológicos sobre os processos fisiológicos do corpo e sobre a saúde em geral. Somática vem do termo grego *soma,* significando o corpo, o aspecto físico, o funcionamento fisiológico.

Todo mundo sabe como o medo causa reações físicas no corpo. O medo altera o rosto que endurece, as mãos tremem, os pelos levantam, o estômago sente dor ou pode ser preciso urinar urgentemente. A raiva afeta o corpo, os músculos se tensionam, a respiração torna-se mais rápida e o coração bate forte. A alegria transforma o rosto, relaxa os músculos e equilibra o sistema fisiológico.

Numa situação de conflito, eu posso me estressar tanto que fico com dor de cabeça, enquanto o outro não sente estresse nenhum. Falar em público pode causar em mim quase um pânico e um bloqueio da minha capacidade de lembrar, perceber, avaliar e agir, enquanto o outro ao lado está falando de forma tranquila e despreocupada. Somos diferentes.

Há uma frase bastante citada em latim, *mens sana in corpore sano*, que em português significa: mente sã num corpo são. A frase dá a entender que é o corpo que causa saúde na mente, quando em nossa concepção é exatamente o contrário: a vida psíquica equilibrada é a essência para a saúde do corpo. O modo de sentir afeta de modo constante o corpo.

Vítima da doença?

Quando uma pessoa fica doente, comumente a vemos como uma vítima da doença. Raramente refletimos sobre como ela, com sua conduta na vida, possa ter colaborado e até causado a sua dor de cabeça, dor nas costas, úlcera, eczema, gripe etc.

Pode-se falar em tabagismo, consumo excessivo de álcool, falta de exercícios, má alimentação e estresse no trabalho. Mas não se fala sobre o hábito dela de sentir angústia, frustração, vergonha, impotência ou raiva. O sentimento é tabu mesmo que o ser humano tenha a maior necessidade de ser visto e respeitado justamente no sentir.

Quando você sente descontentamento e raiva, isso é um sintoma de estresse. Se você reage costumeiramente tentando abafar a sua raiva e fazendo tudo para não senti-la, isto causa mais estresse ainda. Sentir e negar o seu sentir é estresse em dobro.

O ser humano é um ser integral inserido no seu ambiente e no seu histórico. Todos os fatores afetam uns aos outros intensivamente. Pensar em saúde e se concentrar somente na parte orgânica (somática) indica uma grande tendência para o uso excessivo de medicamentos e cirurgias. Nossa cultura capitalista superficial, imediatista e dinheirista foca na eliminação dos sintomas, o que alimenta os lucros da indústria farmacêutica e hospitalar. A causa da doença pode estar muito mais relacionada à situação social da pessoa e em sua forma de reagir à sua situação do que qualquer outro fator.

Pekka Lallukka, um médico que trabalha em um centro de saúde na Suécia, disse que 70% dos pacientes não precisam de um médico, mas de alguém que os ouça em seus sentimentos e dramas.

Pacientes cardíacos ou com pressão alta são instruídos a evitar tornarem-se irritados. Um estudo descobriu que 25% de medicamentos prescritos para pressão alta o foram de forma desnecessária. Quando a pressão arterial é medida por um médico, o paciente sente tensão pela presença do médico, o que aumenta a pressão arterial. O estudo recomenda fazer a medição da pressão arterial em casa. É fácil entender a lógica do resultado.

Por que alimentar a atitude de vítima?

Por que não levar em conta os fatores psicológicos como uma parte integrante dos cuidados da saúde? Uma razão provável é não querer causar ou, melhor dito, aumentar o sentimento de culpa no paciente. Isto demonstra simplesmente que não se sabe lidar com sentimentos, que os sentimentos são tabu na área de saúde, educação e trabalho.

É evidente que culpar ou julgar não ajuda ninguém, representando uma repressão da consciência, só aumentando os problemas. Em vez disto, nós deveríamos ter orientação para aceitar e sentir a culpa, sem fugir dela, procurando inclusive sentir a liberdade de sentir a culpa. Deste modo, a parte neurótica da culpa (causada, por exemplo, pela atitude de se autoculpar, autochicotear) se desfaz, e a culpa sã pode ser usada como alerta para perceber um possível erro como omissão, deturpação da verdade ou agressão.

O presidente da Associação Médica da Finlândia, Heikki Palve, diz que o desafio é fazer as pessoas assumirem a responsabilidade por sua saúde. Creio que ele falava no aspecto de hábitos cotidianos de vida, como má alimentação, tabagismo, uso excessivo de bebida alcoólica e falta de exercícios. Não creio que ele estava se referindo aos nossos hábitos de sentir e lidar com os sentimentos.

Outra razão para não levar em conta questões sociais, como injustiças socioeconômicas e sentimentos, é que provavelmente a maior parte da necessidade de cuidados médicos poderia desaparecer se as pessoas cuidassem de sua vida emocional, e desenvolvessem um sistema social compatível com valores humanistas de igualdade e solidariedade.

A poluição causa doenças respiratórias, entre outras, como todo mundo sabe. A medicina tem a função de ajudar o paciente na sua crise respiratória. Mas será que os médicos e hospitais estão se empenhando para sensibilizar o poder político e econômico para parar com o desrespeito à natureza que causa a poluição, ou estão mais interessados em poder faturar e ganhar dinheiro?

O placebo, que é uma pílula de farinha, é um bom exemplo de como a mente afeta as funções do organismo. O paciente acredita que está tomando uma medicação real quando se trata de um preparado sem efeito medicinal. Um grupo de pesquisadores da Universidade Harvard fez teste com placebo no qual 97 pacientes com dor nas costas foram divididos em dois grupos. O primeiro grupo recebeu remédios anti-inflamatórios e contra dor. O segundo grupo recebeu a mesma medicação do grupo um e mais um placebo. Eles foram informados claramente que este novo remédio era placebo. O grupo dois teve uma redução 30% maior nos sintomas em comparação ao grupo um. Mesmo sabendo que se tratava de um placebo, o efeito psicológico apareceu. A conclusão da pesquisa foi que nosso organismo reage perante aos cuidados que recebemos, tais como a interação entre o paciente e o médico e a enfermeira, a tomar remédio e toda simbologia ligada aos cuidados do paciente. Esta conclusão é de bom senso.

Às vezes, quando ficamos doentes, tentamos primeiro esperar sarar em casa e, se não melhoramos, decidimos fazer uma consulta com um médico. Acontece muitas vezes que um dia antes da consulta marcada nós nos recuperamos. Quando aceitamos que precisamos de ajuda, estamos começando aceitar a doença e não lutamos mais tanto contra ela. Uma conduta de aceitação e humildade ajuda na recuperação. Aliviando a exigência de ficar saudável, o estresse diminui e as funções do organismo ganham mais tempo e possibilidade de se equilibrar.

Voltaire (filósofo francês cujo verdadeiro nome era François-Marie Arouet, 1694-1778) escreveu: "A arte da medicina é acalmar o paciente para que a natureza possa curar a doença".

Roberto Giraldo, um médico colombiano especializado em doenças autoimunes, descreveu sua missão médica do seguinte modo: "Escuto atentamente o que paciente conta sobre seus sintomas, e faço perguntas ligadas à vida dele, como ele se sente e se relaciona com as situações da vida. Aí preparo uma receita cujo objetivo principal é fortalecer a saúde dele para que a saúde cure a doença. Se necessário, incluo algum remédio para aliviar as dores com o objetivo de ajudá-lo a ter mais paciência com os sintomas".

A doença psíquica e física é sintoma de um desequilíbrio. Nunca faz mal refletir sobre a sociedade, as próprias condutas e hábitos emocionais que possam estar contribuindo com o desequilíbrio, mesmo que evidentemente nem todas as doenças tenham sua origem principal nos aspectos sociais ou psíquicos.

As fases do estresse e seu processo fisiológico

Um dos primeiros pesquisadores do estresse, Hans Selye (médico húngaro-canadense, 1907-1982) usou o termo estresse para descrever a exaustão física. Ele desenvolveu a teoria da Síndrome Geral de Adaptação e as doenças relacionadas. Se a reação de adaptação perante um problema é exagerada ou fraca demais, isto leva a doenças de vários tipos. A Síndrome de Adaptação Geral é ativada quando uma pessoa sente que está em perigo ou em situação de ameaça.

A síndrome de adaptação segue três fases: 1ª) *Alarme,* estágio de alerta geral; 2ª) *Resistência*, estágio de preparação contínua para uma emergência, ameaça ou desafio; 3ª) *Exaustão*, estágio de esgotamento da capacidade de resposta do organismo.

Na primeira fase do estresse, *reação de alarme*, o sistema nervoso simpático é ativado pela ansiedade, medo ou raiva, para que o sistema neurológico saiba conduzir as atividades fisiológicas como secreção dos hormônios de estresse no sentido de fortalecer a capacidade de se defender contra o perigo. A medula adrenal começa a secretar adrenalina e noradrenalina. A função da adrenalina é despertar as energias reservadas no organismo para uma resposta rápida e eficaz – lutar ou fugir. O coração bate mais rápido, o baço contrai para soltar glóbulos vermelhos no sangue, o fígado libera o açúcar armazenado nos músculos, a respiração torna-se mais forte, a circulação sanguínea se concentra nos músculos e no cérebro, as pupilas se dilatam e os sentidos ficam aguçados.

Se a situação de perigo é prolongada, o organismo começa a se preparar para a segunda fase de *resistência*, já começando os primeiros sintomas de desgaste do organismo. O centro de atividade do organismo passa da medula adrenal para o córtex suprarrenal e para a glândula pituitária. O hormônio mais importante nesta fase é ACTH. As atividades hormonais não são mais somente boas para a resistência do organismo, elas desregulam a secreção da tireoide que produz os hormônios sexuais e de crescimento, causando desequilíbrio fisiológico e algumas doenças físicas.

Se o estresse continua, o organismo passa para a terceira fase, a fase de *exaustão,* quando o corpo torna-se suscetível a todo tipo de doenças, dores musculares, inflamações, distúrbios hormonais e homeostáticos e doenças autoimunes, tais como câncer, diabetes e reumatismo.

Adoecer é muitas vezes um processo longo, de décadas, com muitos fatores trabalhando juntos. O desequilíbrio pode ter seu início quando a pessoa tem um problema e reage contra a consciência sobre o problema. Ela talvez não queira ouvir o sinal de alarme do organismo ou da psiquê, assim adoece e cuida de sua doença principalmente tentando eliminar os sintomas. A doença pode sarar aparentemente até que os sintomas após um tempo retornam ou procuram um novo lugar no corpo ou na psiquê. Se a causa dos sintomas não é tratada, com o tempo, o problema cresce e tornar-se cada vez mais difícil.

Resumindo:

– Fatores que afetam negativamente nosso equilíbrio (saúde) podem ser:

- as injustiças e valores de desamor no sistema socioeconômico;
- as toxinas ambientais;
- deficiências genéticas;
- desequilíbrio das pessoas próximas;
- desequilíbrio psíquico com hábitos negativos de sentir;
- má alimentação, álcool, drogas legais e ilegais;
- falta de atividade física.

– Sintomas emocionais comuns são:

- preocupação contínua, ansiedade, insegurança, medo, fobia;
- descontentamento, irritação, frustração, raiva;
- inferioridade, vergonha, culpa, atitude de vítima, depressão;
- amargura, ódio, agressividade.

– Sintomas no comportamento:

- solidão, isolamento;
- transtornos alimentares;
- atividade em excesso ou passividade;
- dependências;
- destrutividade e autodestrutividade.

Tudo isto tem tendência de criar desequilíbrio no sistema neurológico, hormonal e imunológico resultando em doenças desde enxaqueca e gripes até ataque cardíaco, acidente cerebral vascular, reumatismo, diabetes e câncer.

Se queremos abranger o conceito sobre o ser humano e considerá-lo como uma união de fatores metafísicos, ambientais, sociais, psíquicos e biológicos, o ponto de partida da saúde seria, então, o equilíbrio metafísico (espiritual).

Hipócrates (médico e filósofo grego, cerca de 460-370 a.C.), que ainda é considerado como o pai da medicina ocidental, acredita que saúde é a harmonia interna do ser humano e a harmonia entre ele e a natureza. Ser saudável significa estar consciente do seu desequilíbrio e tentar viver de acordo com as leis da natureza.

Os sintomas são alarmes úteis a serem respeitados

Os sintomas são como um alarme, e um sinal que o sistema de alarme está funcionando. É importante aceitá-los, senti-los e refletir sobre suas possíveis múltiplas causas. Quanto mais cedo você prestar atenção aos seus sintomas de estresse, melhor.

Segue uma lista de sintomas físicos e psíquicos comuns.

PSÍQUICOS	FÍSICOS
Ansiedade, medo	Perna balançando frequentemente
Tensões	Palpitações
Irritação	Hiperventilação
Nervosismo	Problemas de pele
Amargura	Resfriados
Apatia	Infecções
Dificuldade de concentração	Pescoço tenso, músculos tensos
Introversão	Distúrbios menstruais
Baixa autoestima	Dor no peito
Medo de perder o controle	Hipertensão
Desolação	Azia, úlceras
Isolamento	Dor nas costas
Transtornos alimentares	Metabolismo perturbado
Diminuição do desejo sexual	Anormalidades na produção hormonal
Depressão	Enfarto do miocárdio
Fobias	Aterosclerose
Doenças mentais	Doenças autoimunes (câncer, reumatismo, diabetes)
Burn-out	

Escutar, conscientizar-se e respeitar os sintomas é um ato de amor. Ficar se vigiando e preocupando por qualquer coisinha é um ato de egocentrismo e desamor consigo próprio.

Cinco passos para lidar com o estresse

– Observe, organize o tempo e respeite os sintomas

Percebendo que está estressado, planeje um tempo, mesmo que sejam alguns minutos, para se desligar das suas atividades. Se possível, procure um lugar calmo onde você possa se concentrar. Sente-se firme e confortavelmente, ou deite. Você pode fechar seus olhos e respirar algumas vezes conscientemente para entrar em contato consigo mesmo e tentar se desligar do ambiente externo.

Comece sentindo cada parte do seu corpo, parte por parte; os pés tocando o chão, as pernas, coxas, nádegas, costas, estômago, região do peito, mãos, braços, ombros, nuca, queixo e região de boca, olhos e cabeça. Se você sentir dor, tensão ou cansaço em alguma parte do corpo, pare para sentir, procurando aceitar o sintoma, sentindo-o conscientemente. É um alarme que deve ser ouvido e respeitado. É possível que com este exercício você sinta seu corpo relaxar, as tensões musculares soltarem um pouco.

– Respeite o seu corpo

Respeite seu corpo, ele é a sua ferramenta. Respeite-o da mesma forma que um bom cavaleiro cuida de seu cavalo. Tenha alimentação saudável. Evite o tabaco, álcool, medicamentos e drogas. Descanse o suficiente. Faça exercícios físicos regularmente.

– Faça uma leitura da sua situação de trabalho

Pense e analise quais os fatores do seu trabalho têm aumentado o seu estresse, e em que grau. Faça uma lista simples das suas tarefas e preocupações, em ordem de importância. Procure desfazer as exigências de solucionar os problemas, concentre-se mais em aceitar e aprender a lidar com as dificuldades.

Use seu bom senso e criatividade para elaboração de um plano de medidas práticas que possam reduzir a pressão externa dos problemas. Avalie suas necessidades e oportunidades em seu trabalho relacionando-as com os recursos disponíveis. Planeje metas realistas. Desenvolva e melhore sempre seus métodos de trabalho. Planeje com calma o seu dia. Mude rotinas diárias de forma sistemática. Não deixe coisas por fazer se você pode fazê-las de imediato, mesmo que com uma qualidade rebaixada. Tente adaptar-se conscientemente àquilo que você não pode influenciar.

Fale sobre seus problemas com seus companheiros e o coletivo. Procure ajuda se necessário.

– *Reserve espaço para tempo livre*

Planeje e priorize ter tempo com pessoas queridas e amigos. Reserve tempo para atividades agradáveis, desenvolva seus interesses. Participe em diversos eventos culturais (música, arte, ciência, espiritualidade), cultive o hábito de leitura e aprecie a beleza da natureza.

Participe de atividades e movimentos populares que vão ajudá-lo a ampliar seus horizontes e rede de contatos. Aumentando a sua consciência social e ecológica você terá mais facilidade em perceber a grandeza da realidade e sua própria pequenez. Você não vai poder resolver os problemas do mundo, mas você pode contribuir com atos microscópicos.

– *Cuide do seu interior, abra-se para se conhecer*

Após sentir o corpo parte por parte, procure perceber os possíveis sintomas no seu sentir (ver itens *Temos total liberdade de sentir*e *Respeito pelo sentir*), como: ansiedade, medo, frustração, raiva, tristeza, desespero, ofensa, culpa, pressão e impotência, indiferença.

Considere as seguintes atitudes possíveis a seu respeito (veja os empecilhos no *Riquezas humanas e empecilhos*):

– o hábito de alimentar sentimentos negativos e, portanto, criar fantasias de dificuldades, doenças, perigos e desastres;

– impaciência, intolerância, rigidez, autoritarismo;

– atitude excessivamente crítica e exigente, negativismo, reação negativa à alegria e oportunidades e possível sucesso;

– idealização de si mesmo e dos outros, se sentir responsável por tudo, tendência para assumir todo o trabalho, mania de controlar tudo e não conseguir dizer não (atitude de não colocar limites);

– resistência à consciência despertada por meio de identificação; quando você por meio de outra pessoa é despertado a uma consciência sobre si mesmo (*Tudo que vejo no outro, de alguma maneira, existe também em mim*);

– o hábito de se autoculpar e autochicotear.

Aceitar a consciência dos empecilhos em você e assumir a liberdade por eles o/a ajudarão a agir de forma mais equilibrada e se ligar mais com suas riquezas humanas, seus conhecimentos e experiências de vida. Você se sentirá mais aberto e o fluxo de energia de vida fluirá melhor.

Pratique atos que ajudem a despertar os sentimentos de generosidade, humildade, curiosidade e gratidão em você. Ajude pessoas e coletivos desconhecidos sem esperar resultados.

Como lidar com um clima tenso no seu coletivo

– *Ajude a si mesmo.* Observe e identifique seus sentimentos, como frustração, insatisfação, desespero ou impotência. Se você perceber que seu estado emocional é negativo, pense nisso: Você está tentando mudar uma situação mais rápido do que é possível (impaciência)? Você espera de modo irrealista que, por exemplo, seu colega de trabalho faça o trabalho dele corretamente, mesmo que você já saiba que ele não costuma fazer isso? É possível que essa situação desperte a consciência de suas próprias dificuldades? Procure evitar exigir uma solução imediata.

– *Trate do problema.* Recolha informações concretas, escreva uma lista. Coloque as coisas em ordem de importância. Desenvolva e planeje propostas para facilitar a situação. Apresente informações e sugestões para o seu coordenador ou companheiro.

– *Ajude o coletivo a aceitar o problema.* Planeje uma ou várias reuniões para discutir e pesquisar o problema, ajude o coletivo a evitar exigir uma solução. Na primeira rodada todos podem falar abertamente sobre seus sentimentos em relação à problemática (por exemplo, clima negativo) e, na segunda rodada, descreva a sua percepção do problema. Procure direcionar a discussão do particular (nosso clima é negativo) para o fenomenal (há comumente clima negativo em menor ou maior grau em todos os coletivos). Evite que o foco da discussão caia sobre "bodes expiatórios".

– *Conduza o coletivo para sugestões.* Ajude o coletivo a concentrar o debate em sugestões e providências práticas. Comece com medidas simples e concretas. Todas as situações são oportunidades interessantes para aprender sobre a forma como as pessoas agem nas suas relações.

Como lidar com uma pessoa traumatizada ou em crise

O trauma psicológico é um tipo de dano emocional que ocorre como resultado de um algum acontecimento negativo bem sério. Por exemplo, se tornar objeto de agressão, seja estupro, moléstia sexual com a criança, seja violência física de modo geral. Ser obrigado a ver e participar da violência bárbara da guerra. Ter responsáveis desequilibrados agindo com opressão, rejeição ou indiferença. Ou ter responsáveis superprotetores que reprimem o menor pelo controle de perigos imaginários. Ou ter responsáveis idealizadores que elogiam de modo exagerado o tutelado, o que pode levar o menor a se sentir superior aos outros e a criar exigências de ser isso mesmo, o que reprime o ser dele.

Talvez um dos traumas da atualidade seja o dos responsáveis se envolverem tão intensivamente na busca de sucesso na vida profissional que se esquecem dos menores. Os menores podem ter todo o bem-estar material possível, mas falta o essencial, que é o tempo de convivência com os próprios responsáveis. A criança sente isto com indignação, injustiça e rejeição, sentimentos com os quais ela não sabe lidar, até porque já percebeu que sentimento é um assunto tabu, algo proibido.

Provavelmente o trauma não é causado diretamente por algo ruim que aconteceu, mas por um processo interno:

– *a pessoa tem uma experiência séria ruim.* Ela não quer lembrar, ela tenta negar a consciência da memória, negando a si mesma (ser humano é a sua consciência);

– *ao negar a si mesma na sua essência, ela sente que perdeu sua existência*, que ela não tem direito de existir, que é nada. Ela se sente injustiçada, pois ao lado do fato externo que está sofrendo, ela pratica uma injustiça contra si mesma, negando sua essência. Como consequência, reage com defesa (medo) ou ataque (raiva);

– *para poder sair da sensação da inexistência,* ela procura sentir a sua existência através da *reação das outras pessoas usando alguma tática ligada à sua personalidade. As táticas comuns de tentar atrair a atenção dos outros são as seguintes:*

- *aceitação*: ela pode fazer todo o possível para ser considerada uma pessoa boazinha e perfeita, aceita por todos,

- *admiração*: ela que ser muita bonita, inteligente ou bem sucedida, poderosa com muita riqueza material e símbolos de poder social,

- *atenção contínua*: ela quer estar no centro das atenções, por exemplo, sendo palhaço o tempo todo, sempre atrapalhar a concentração e paz na sala de aula ou sempre achar coisas ruins para reclamar e criticar tanto que os outros ficam cansados e irritados. A irritação dos outros é uma prova que ela existe,

- *culpa e pena*: ela fica falando das desgraças da vida dela para todo mundo, a tal ponto que o outro começa sentir pena ou até culpa pela situação dela. Assim ela se sente existente (uma técnica de vitimização),

– *medo, raiva, ódio ou nojo*: ela se comporta de modo tão agressivo que os outros ficam com medo. Ou age de modo tão irritante que os outros ficam com raiva. Pode se vestir com roupas sujas, falar com linguajar vulgar de forma que outros fiquem com nojo. Qualquer reação emocional dos outros, seja medo, raiva ou nojo, é como um reforço para a existência dela.

No fundo, essa atenção que as pessoas tanto necessitam é o amor. Eles querem algo bom mas pedem de uma forma deturpada em virtude de uma deturpação interna (lembrando, o maior vilão na formação desta deturpação é a sociedade com seus valores e organização perversos).

Um dos aspectos chave na criação da dependência química ou outros está nessa luta para se sentir existente, livre para existir e sentir que é algo na vida, ou seja, carência de amor.

Portanto, o remédio óbvio é o amor. Amor incondicional que o coletivo e pessoas próximas possam sentir e demonstrar. De outro lado, a pessoa que sofre de carência de amor pode se empenhar para agir amorosamente com os outros, e assim sentir amor através sua própria ação que a ligou ao amor. Agindo com amor, mesmo contra a vontade, leva-se a pessoa a sentir amor.

Como lidar com uma pessoa em crise?

Alguém no coletivo está com dificuldades pessoais, de trabalho ou de relacionamento. Ele pode estar deprimido, se isolando, com medo e angústia. Ele pode estar muito tenso e estressado. Ele talvez esteja com raiva, demonstrando agressividade ou intolerância brusca. Ele pode estar sentindo uma tristeza profunda pela perda de alguém.

Nessas situações, o erro mais comum é ficar passivo esperando que as coisas melhorem por si só, com o tempo. As pessoas têm medo de se aproximar do outro e tentar lidar com a problemática dele, temendo suas possíveis reações emocionais e uma piora. Esta é uma conduta de censura, uma atitude de esconder o problema, fingir que ele não existe. A pessoa com problemas sente isto e entende que não se deve falar sobre o assunto. Normalmente, ela tampouco quer falar, para fingir que não há nada, tentando enganar a si mesma.

Portanto, é importante você tentar ajudar o outro, mesmo com insegurança. Muitas vezes, já é de grande ajuda simplesmente demonstrar empatia, fazer perguntas simples e escutar atentamente, deixando o outro se abrir e desabafar. Ele tem uma grande necessidade de se abrir para si mesmo, mas não consegue por causa da própria censura.

Na sequência, há uma relação de passos de um diálogo de reflexão. Você pode aplicá-lo, adaptando as ideias conforme a situação que está presenciando.

1º *Refletir primeiro sobre o seu próprio modo de sentir na situação.* Se estiver com angústia ou frustração, deve se concentrar em sentir isto de modo consciente, não fugindo dos seus sentimentos. Quanto mais você quiser se livrar deles, mais envolvido você fica com eles.

2º *Deixar a pessoa desabafar*, falar exaustivamente sobre a sua problemática, ouvir ativamente, repetindo às vezes o que ela fala e fazendo perguntas. Evite a pergunta "por quê?", pois ela tende a levar a pessoa à vitimização e intelectualização.

3º *Ajudá-la a aceitar e sentir seus sentimentos,* como medo, angústia, desespero, tristeza e impotência. Focar a atenção no sentir dela, ajudando-a a se desligar das causas e explicações. Querer controlar os sentimentos causa um círculo vicioso, e piora a situação. Sentimento não é para ser controlado, mas em vez disto, sentido com liberdade. Desta forma, a pessoa pode estar em contato consigo mesma, e portanto, com a sanidade nela.

4º *Despertar a consciência das riquezas humanas nela*, falando, por exemplo, que sua pessoa desperta percepção de amor, querer o bem, cuidar dos outros e coragem. Falar de coragem justamente quando ela esteja com muito medo faz com que ela possa focar na coragem em vez do medo, e aí o medo perde o poder, conforme *Diálogo de valorização,* cap. 3.

5º *Levar a pessoa a aceitar o problema.* Procurar reduzir a pressão para resolver o problema. Confirmar a existência do problema, descrevê-lo sob um contexto maior para que ela tenha uma perspectiva mais ampla da situação, mas não concentrar no problema. Levantar ideias sobre possibilidades e, assim, gradativamente, levá-la a aceitar e conscientizar o problema.

6º *Estudar com ela a problemática em maior profundidade.* Fazer perguntas exploratórias mais detalhadas sobre o problema (que, como, quando, quem...). Evitar dar conselhos ou criticar. Estruturar e descrever o problema de modo prático levantando fatos e analisando prioridades. Analisar e descrever consequências do problema no sentido prático. Analisar e mapear as possíveis causas do problema.

7º *Planejar providências.* Levantar propostas de providências que possam facilitar a situação. Discutir possíveis mudanças e soluções. Detectar os fatores de motivação para mudança nos hábitos e valores. Em relação às condições externas de vida, ajudá-la a aceitar aquilo que não pode ser mudado. Elaborar junto com ela um plano de ação e colocá-lo em prática.

8º *Planejar um acompanhamento adequado*: intervalos, maneiras de avaliação e intervenções futuras.

Procure agir mais do que você tem costume nessas situações. Treine suas habilidades de ajudar o outro, pois mesmo errando vale a pena. Se você errou mas tinha uma boa intenção, não há problema maior. Procure sentir o outro, como ele reage. Pare quando achar que é o momento de deixá-lo refletir sozinho. Maior remorso você terá com a sua omissão, do que com uma ação que não deu certo. Aproximar-se do outro com esforço de ajuda é uma manifestação de amor; assim você se desenvolve e ajuda a si mesmo.

Energia de vida e consciência

A energia de vida não vem de água, pão, arroz e feijão, mas eles são necessários para que o nosso sistema fisiológico funcione. Uma planta tenta alcançar o sol para poder receber a energia solar e fazer fotossíntese, que é sua energia para crescer e se multiplicar. A planta é como uma antena de energia.

De modo análogo, pode ser que nós seres humanos sejamos antenas móveis de energia de vida. Se a antena funciona bem, estamos cheios de energia. Vamos observar crianças, elas são uma pilha de energia, pulam e dançam andando na rua com os pais, dando risada para qualquer coisa. Qual é a característica delas? É a felicidade e curiosidade, sensação de liberdade. Sentir estes sentimentos deve abrir a antena de energia ao máximo. Por que, nós adultos, embora gostemos muito disto, não o vivenciamos como as crianças?

Para uma criança, desde o nascer, a vida deveria ser um abrir contínuo. Em vez disso, começamos a adestrá-la, adaptá-la para as estruturas de poder, primeiro em casa, então no jardim de infância, na escola, nos estudos profissionais e no local de trabalho. Fazemos dela um cidadão obediente, quase semimorto, que não questiona a sociedade de poder.

Nós já fomos adestrados, encurralados e oprimidos pelas leis, moralismo e poderes malignos. Parece que, sem perceber, perdemos uma parte da nossa alma, a nossa espontaneidade, alegria e sensação de liberdade. Estamos focados em pagar contas e cuidar das obrigações. Nascemos para viver conforme a natureza e acabamos morrendo devagarinho mais visivelmente a partir dos 20 anos de vida, de modo que aos 90 anos estamos enrijecidos e doentes. Em vez disto, deveríamos ser mais experientes, realizados, abertos e felizes do que no início da nossa caminhada.

Como o nosso conceito sobre o ser humano diz, o ser humano é a sua consciência, e podemos pensar que o canal de energia de vida se abre ou fecha com a consciência. Não é de estranhar que todos os sistemas de poder repressores focam justamente em nos alienar de nossa essência, de nossa consciência.

Sociedade saudável – seres humanos e natureza em harmonia

A democracia representativa significou um grande passo em direção à libertação humana dos reis, nobreza e ditaduras oligárquicas. Winston Churchill (político, primeiro-ministro do Reino Unido, 1874-1965) disse que a democracia (representativa) é a pior forma de governo, se excluirmos todos as outras que já foram experimentadas.

O Estado de bem-estar do modelo sueco, construído pelo Partido Social Democrata até a década de 1980, representou a transferência de renda dos ricos para os pobres através dos impostos. Uma das tarefas centrais do sistema tributário é reparar as injustiças do sistema econômico. Porém, a tributação é como um remédio para dor de cabeça: consegue parcialmente eliminar o sintoma, mas não tem efeito sobre a causa da dor, ou seja, não muda os princípios e valores desumanos do sistema econômico. Se não aprofundarmos nossa atuação para lidar com as causas, a doença social e humana tornar-se-á cada dia pior e crônica.

Dom Hélder Câmara (arcebispo brasileiro, 1909-1999) declarou: "Quando eu dou pão para um pobre dizem que eu sou uma boa pessoa. Quando pergunto por que ele não tem comida, eles me chamam de comunista". Mahatma Gandhi (pacifista, político indiano, 1869-1948) lutou contra o poder colonial britânico para a Índia se tornar independente. Ele falou de uma revolução pacífica: "O caminho para nós mesmos é o caminho para a verdade e a verdade é absoluta, embora a nossa compreensão dela seja sempre incompleta. Como a estrada para nós mesmos é através de servir os outros, o caminho para a verdade absoluta é através da luta social".

Tommi Nieminen escreveu no jornal finlandês *Helsingin Sanomat*, em 9/12/2011: "as tantas centenas de milhões de pessoas que viveram com fome no início do século XX significarão algo incompreensível para os historiadores do século XXI". Albert Einstein ponderou sobre a mesma coisa: "as pessoas futuras não vão compreender a forma como a humanidade viveu em nosso planeta". Vamos esperar que eles tenham razão!

No seu romance *Os Irmãos Karamazov*, Dostoievski descreve a nossa responsabilidade global:

> Todo mundo tem culpa diante de todos e por tudo. Somos responsáveis pelo bem-estar da humanidade, incluindo a liberdade, a solidariedade e a igualdade. Não é ético perseguir seus próprios interesses em detrimento daqueles que estão em pior situação. Os criminosos, aqueles que sofrem de dependência química, os doentes, os marginalizados e os famintos devem inevitavelmente sofrer no lugar dos outros e, assim, ajudar os mais afortunados a se humilharem, e se verem no espelho dos desafortunados, mesmo que contra sua vontade.

Erich Fromm escreveu que é preciso descentralizar o poder tanto na vida econômica quanto na política, e organizá-lo em proporções humanas. O capital deve servir para o trabalho e os produtos devem servir à vida.

Nos guetos de Johanesburgo, na África do Sul, os pobres vivem num espaço muito limitado, onde se ouve tudo o que acontece no barraco ao lado. Quando os vizinhos ouviam um homem bater na mulher ou nos filhos, antigamente reagiam com ansiedade, indignação e medo, sem fazer nada. Mas eles descobriram a força da cooperação: o primeiro que percebe a violência chama os outros, e todos se reúnem ao redor desta casa para bater tampas de panela. É desta forma que a comunidade notifica que não aceita a violência, um exemplo espontâneo do povo se unir e agir com democracia direta.

A democracia direta na política e na economia é uma utopia nos dias de hoje. Introduzir a democracia direta é um processo longo, porém o mais importante não é alcançar a meta, o que conta é o caminho que vamos trilhando. Em primeiro lugar, deveríamos fazer um referendo direto para decidir sobre algumas perguntas grandes e simples:

– Você quer que uma declaração de guerra seja dada somente com base em um referendo?

– Você acha que deve haver igualdade entre as pessoas?

– Você concorda com o princípio do sistema atual, onde dinheiro faz dinheiro, de modo que uma pessoa se torne ainda mais rica recebendo juros sobre um dinheiro que ele não precisa, e especulando com compra e venda de bens e ações?

– Quando alguém tem dinheiro além de suas necessidades, ele deveria pagar imposto sobre este dinheiro que não precisa?

– Você gostaria de decidir sobre a forma que o lucro do seu trabalho é distribuído?

– Será que os trabalhadores deveriam ser os verdadeiros responsáveis (donos) pelas organizações em que trabalham?

– Você quer que a educação e saúde sejam objetos de fazer lucro ou que sejam da responsabilidade do Estado para oferecer ao povo?

– Você quer acabar com os paraísos fiscais?

– Você quer que a atividade econômica respeite a natureza?

– Você quer usinas nucleares construídas perto de onde você mora?

Se quisermos, podemos desenvolver uma rotina em que semanalmente, todos os cidadãos dediquem pelo menos um meio dia para estudar e votar sobre assuntos importantes. Quando todos participam diretamente se cria a verdadeira igualdade e solidariedade.

Rousseau, já em 1762, considerou que a soberania está no exercício incessante do poder decisório, que não pode ser alienado, dividido ou delegado. Ele escreveu: "Assim que alguém se refere aos assuntos do Estado com um 'que me importa?', pode-se contar que o Estado está perdido".

Nós, seres humanos, somos extremamente pequenos em relação ao universo, no entanto, do nosso ponto de vista, extremamente importantes. O sentido da vida é simplesmente viver bem ou é algo maior, por exemplo, uma conexão com o universo? Quanto mais você deixar o seu amor expandir, mais você estará ligado com o tudo e terá uma conexão mais profunda com seu interior, e com as riquezas humanas na sua vida.

Uma sociedade saudável fomenta a saúde e a felicidade dos seres humanos e o respeito pela natureza. Lutar, por isso, pode fazer com que nossa vida adquira uma dimensão maior.

Como diz a frase numa parede da escola de formação agroecológica, Instituto Educar, em Pontão/ RS: "Um sonho coletivo é o início de uma nova realidade".

ANEXOS

ANEXO 1

Conceito socialista de ser humano

Metáfora	Símbolo	Pensamentos básicos
Responsabilidade coletiva		Igualdade implica a responsabilidade coletiva, o que requer democracia participativa (direta). Na economia e na política significa o poder do povo. É a base para valorizarmos o ser humano e o coletivo.
Liberdade	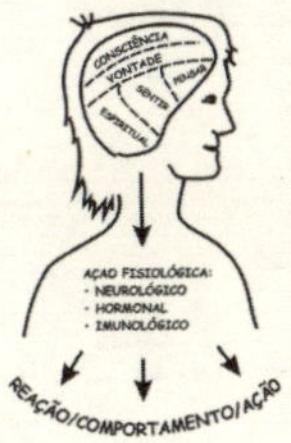	Temos liberdade de sentir e pensar, e liberdade limitada de agir. Liberdade implica responsabilidade e responsabilidade requer liberdade, elas significam a mesma coisa. Somos responsáveis pelo nosso modo de sentir alegria, amor, indignação, medo, inferioridade, tristeza, frustração, vergonha, raiva... Devemos respeitar o modo de sentir de cada um. Os sentimentos influenciam nossas atividades fisiológicas.
Espelho interno		Tudo que vejo no outro, existe também em mim de alguma maneira. Todo ser humano tem todos os aspectos humanos, cada um a seu modo. Sua alegria desperta a consciência da alegria em mim. Ou ao contrário, sua alegria desperta a consciência da minha tristeza.
Vítima interna		Aquilo que faço para o outro, faço dentro de mim, comigo mesmo. O meu modo de agir revela o meu modo de sentir. Quando faço bem/mal para o outro, estou fazendo bem/mal para mim mesmo.
Bússola interna	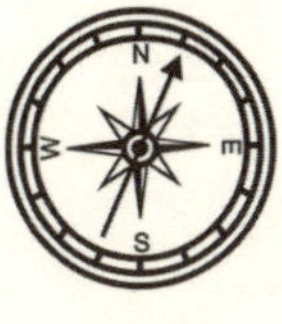	Sou consciente, então existo. A consciência é o fator mais essencial da existência. O ser humano é a sua consciência. Sentir é uma porta para a consciência. Reprimir o sentir implica reprimir a consciência e o próprio ser.
Amor		O mal pode ser curado somente com o bem. O mal não pode ser curado por outro mal. O amor é o sentimento básico da vida.

ANEXO 2

Dialética entre riquezas humanas e empecilhos

RIQUEZAS HUMANAS: valorizar o ser humano é reforçar a consciência das riquezas humanas	**EMPECILHOS: causados principalmente pela repressão (exigências) dos sistemas de poder**
1. Percepção (ver, escutar, sentir, cheirar, saborear), interesse para conhecer. 2. Lembrança, captar o passado. 3. Intuição, "o sexto" sentido. 4. Amor, responsabilidade, gratidão, felicidade, concentração, entusiasmo, humildade... 5. Sentido espiritual. 6. Coragem, iniciativa, persistência... 7. Criatividade, capacidade de visualizar, criar algo novo. 8. Bom senso, capacidade de avaliação. 9. Honestidade, senso ético, senso de justiça... 10. Senso estético, contemplar a beleza. 11. Autodisciplina: controlar seus impulsos. 12. Aptidões especiais; musica, matemática, arte, habilidades manuais, sensibilidade... 13. Aprender, acumular conhecimentos. 14. Habilidades físicas, beleza, força... (O ser humano deve, desde o nascer, despertar e exercitar as riquezas humanas. Se ele não as usar, começará a perder contato com elas e se sentir vazio, como se fosse perder o sentido da vida).	1. Hábitos negativos de sentir: preocupação, medo, descontentamento, frustração, raiva, tristeza, inferioridade, culpa, vergonha, impotência e repressão do seu sentir. 2. Atitude de censura (rejeição da consciência sobre a realidade, alienação): ficar com medo, irritação ou raiva quando percebe suas falhas, defender-se, culpar-se, moralizar e condenar a si mesmo ou aos outros, perceber injustiças sociais e fingir que não os vê. 3. Idealização (perfeccionismo, narcisismo, mania de grandeza): exigir de si próprio e de outros de modo exagerado e rígido, achar-se no centro do poder e das atenções. 4. Negatividade, inveja, maldade: in-ver = não querer ver o bem, concentrar-se no negativo, criticar e reclamar tudo, sentir, pensar e agir de modo destrutivo, agressivo. 5. Egoísmo, egocentrismo (base para que os outros empecilhos possam se estabelecer).

REFERÊNCIAS

ANDRADE MAIA, Lucíola e MAIA PINHEIRO, Carísia. *Mestres da educação socialista: Anton Makarenko e Florestan Fernandes.* Fortaleza: CCB Editora, 2010.

BAKUNIN, Michael Alexandrovich. *Textos anarquistas.* Porto Alegre: L&PM Editores, 1984.

BEATTIE, Melody. *Den medberoendes guide till de tolv stegen [Codependência – um guia de doze passos].* Estocolmo: P.A. Norstedt & Söner, 1990.

BOFF, Leonardo. *Ecologia: Grito da Terra, Grito dos Pobres.* Rio de Janeiro: Editora Sextante, 2004.

BOSTRÖM, Stig. *Makarenkos kollektivuppfostran och nutida gruppedagogik [Educação coletiva de Makarenko e moderna pedagogia de grupos].* Lund: Liber Läromedel, 1981.

CAFIEIRO, Carlo. "Capital": uma leitura popular. São Paulo: Editora Pólis, 1987.

CALDART, Roseli Salete. *Educação em movimento.* Petrópolis: Vozes, 1997.

CALSON, Dwight. *Overcoming hurts and anger [Como lidar com ofensa e raiva].* Oregon: Harvest House, Eugene, 1981.

CERIOLI, Paulo Ricardo (red.). *Método pedagógico.* Veranópolis: Instituto de Educação Josué de Castro, 2004.

DEURTZEN, Emmy van. *Det existentiella samtalet [O dialogo existencialista].* Falun: Natur och Kultur, 1998.

DOSTOJEVSKI, Fíodor. *Crime e castigo.* Porto Alegre: L&PM Editores, 2007.

________. *Memórias do subsolo.* Porto Alegre: L&PM Editores, 2007.

________. *O idiota.* Porto Alegre: L&PM Editores, 2007.

________.*O jogador.* Rio de Janeiro: Editora Bertrand Brasil, 1987.

FRANKL, Viktor E. *Elämän tarkoitusta etsimässä [Em busca do sentido da vida].* Helsinki: Otava, 1980.

________. *Gud och det omedvetna – Psykoterapi och religion [Deus e subconsciente – psicoterapia e religião].* Tukholma: Natur och Kultur, 2000.

________. *Ihmisyyden rajalla [Na limite de humanismo].* Helsinki: Otava, 2002.

________. *Olemisen tarkoitus [Sentido da vida].* Helsinki: Otava, 1983.

FREIRE, Paulo. *Pedagogia da autonomia*. Rio de Janeiro: Paz e Terra, 2004.

_______. *Pedagogia do oprimido*. Rio de Janeiro: Paz e Terra, 2002.

FROMM, Erich. *A arte de amar*. Belo Horizonte: Livraria Itatiaia Ed., s/d.

_______. *A crise da psicanálise*. Rio de Janeiro: Zahar Ed., 1971.

_______. *A sobrevivência da humanidade*. Rio de Janeiro: Zahar Ed., 1961.

_______. *Kärlekens konst [A arte de amar]*. Tukholma: Natur och Kultur, 2001.

_______. *Marx's concept of man [Conceito sobre o ser humano por Marx]*. London: Continuum, 2003.

_______. *Olla vai omistaa [Ser ou ter]*. Rauma: Kirjayhtyma, 1977.

_______. *Pako vapaudestan [Fuga da liberdade]*. Jyväskylä: Kirjayhtymä, 1976.

GARAUDY, Roger. *Ihmisen ääni [A voz do ser humano]*. Porvoo: WSOY, 1976.

_______. *Sosialismin suuri käänne [A grande guinada do socialismo]*. Helsinki: Kirjayhtymä, 1969.

GORKI, Maksim. *Maailmalla [No mundo]*. Helsinki: Otava, 1975.

_______. *Nuoruuteni yliopistot [Universidades da minha juventude]*. Helsinki: Tammi, 1976.

GUNNARSON, Gunnar. *De stora utopisterna [Grandes utopistas]*. Tukholma: Tidens förlag, 1962.

ITERRA. *Dossiê MST escola – documentos e estudos 1990-2001*. Veranópolis: Iterra, 2005.

_______. *Josué de Castro – Semeador de Ideias*. Veranópolis: Iterra, 2003.

ILLICH, Ivan. Kouluttomaam yhteiskuntaan [Para uma sociedade sem escola]. Helsinki: Otava, 1972.

ISMAEL, J. C. *Sócrates e a Arte de Viver – Um guia para filosofia cotidiana*. São Paulo: Editora Ágora, 2004.

JUNTUNEN, Matti ja Mehtonen, Lauri. *Ihmistieteiden filosofiset perusteet [Os findamentos das ciências humanas]*, Jyväskylä: Gummerus, 1977.

KALLING-KANT, L. *Makarenko och hans metod [Makarenko e seu método]*. Loviisa: Hugo Kebers Fölag, 1948.

KENNEDY, Margrit. *Interest and inflation free Money [Dinheiro livre de juros e inflação]*. Alemanha: Pressculture Institute, Publications, 1988.

KEPPE, Norberto. *Libertação*. São Paulo: Próton Editora, 1980.

_______. *Trabalho e Capital*. São Paulo: Próton Editora, 1990.

KURT, Naim (org). *Financial Reform in Yugoslávia [Reforma financeira de Yugoslávia]*. Belgrad: Jugoslovenski Pregled, 1989.

LAURIKAINEN, K. V. *Todellisuus ja elämä [Realidade e Vida]*. Porvoo: WSOY, 1980.

LINDE, Ebbe. *Xenofon – Platon; Sokrates på fest och vardag [Xenofon – Platão; Sócrates na festa e no dia de trabalho]*. Malmö: Natur och Kultur, 1986.

MAGEE, Bryan. *Filosofi – från antikens naturfilosofer till dagens moderna tänkare [Filosofia* – dos filósofos de natureza de antiguidade aos pensadores de hoje*]*. Estocolmo: Bonniers Förlag, 1998.

MAKARENKO, Anton. *Poema pedagógico*. São Paulo: Editora 34, 2005.

MARQÚEZ, Gabriel García. *Cem anos de solidão*. São Paulo: Editora Record, 1998.

MCLAREN, Peter. *Che, Freire já vallankumouksen pedagogiikka [Che, Freire e a pedagogia da revolução]*. Helsinki: Like, 2009.

MEDEIROS, Alexandre ja Medeiros, Cleide. *Einstein e a educação*. São Paulo: Editora e Livraria da Física, 2006.

NAPOLEONI, Claudio. *Smith, Ricardo, Marx*. Rio de Janeiro: Edições Graal, 1983.

PACHECO, Claudia. *A Cura pela Consciência*. São Paulo: Próton Editora, 1983.

PISTRAK M.. *Fundamentos da Escola do Trabalho*. São Paulo: Expressão Popular, 2000.

PLATON. *Dialoger – Sokrates försvarstal [Diálogos – Defesa de Sócrates]*. Uddevalla: Forumbiblioteket, 1953.

_______. *Teokset 1, 2 ja 3 [Obras 1, 2 e 3]*. Keuruu: Otava, 1977.

PRADO Jr., Caio e FERNANDES, Florestan. *Clássicos sobre a revolução brasileira*. São Paulo: Expressão Popular, 2000.

SILTALA, P. *Psykoterapia – teoria ja käytäntö 1 ja 2 [Psicoterapia – teoria e prática]*. Espoo: Weilin+Göös, 1980.

RIBEIRO, Darcy. *O povo brasileiro*. São Paulo: Editora Schwarcz, 1995.

ROSENBERG, Marshall. *Comunicação não violenta*. São Paulo: Editora Ágora, 2003.

ROUSSEAU, Jean-Jacques. O contrato social. Porto Alegre: L&PM Editores, 2007.

SAARINEN, Esa. *Länsimaisen filosofian historia huipulta huipulle, Sokrateesta Marxiin [História da filosofia ocidental, de Socrates a Marx]*. Helsinki: WSOY, 1985.

SAITSCHICK, Robert. *De stora livsåskådningarna [Os grandes pensamentos sobre a vida]*. Tukholma: Natur och Kultur, 1953.

STENDHAL *[oficialmente* Henri-Marie Beyle], *Punainen ja musta [O vermelho e o negro)*. Porvoo: WSOY, 1969.

STEVENSON, Leslie. *Sju teorier om människans natur [Sete teorias sobre a natureza humana]*. Borås: Forum, 1995.

STORR, Anthony. *Ihmisen aggressiot [As agressões do ser humano]*. Porvoo: WSOY, 1968.

TOLSTOJ, Lev. *Obra Completa*. Rio de Janeiro: Editora Nova Aguilar, 1993.

VALLE, Rogério. *Autogestão – o que fazer quando as fabricas fecham?* Rio de Janeiro: Relume Dumará, 2002.

VIGOSTKY, L. S. *A formação social da mente*. São Paulo: Martins Fontes, 1994.

WIKSTRÖM, Owe. *Den outgrundliga människan [O ser humano tão profundo que não tem fundo]*. Göteborg: Natur och Kultur, 1990.

Material sobre o Método Conscientia disponível nas redes sociais:

O método é descrito em vários textos e apostilas disponíveis no *site* <www.conscientia.se>, especificando:

Apresentação em PowerPoint sobre o tema Relações humanas e Cooperação: <http://conscientia.se/br/relacoes.php>.

Manual de Acompanhamento de Empresas Sociais dos Assentamentos da Reforma Agrária: <http://conscientia.se/br/acompanhamento.php>.

No youtube, há um curta-metragem de 18 minutos sobre a aplicação do método numa sala de aula: *Mudança na escola – educando, educador e Sócrates:* <https://www.youtube.com/watch?v=rTCbKPa8Bf0&t=322s>.